중학생이 꼭 알아야 할

중학
한자
단어

김한진 엮음

배영사

중학 한자 단어

초판 1쇄 인쇄 2017년 5월 1일
초판 1쇄 발행 2017년 5월 5일

엮은이 김한진
펴낸이 김진남
펴낸곳 배영사

등 록 제2017-000003호
주 소 경기도 고양시 일산서구 구산동 1-1
전 화 031-924-0479
팩 스 031-921-0442
이메일 baeyoungsa3467@naver.com

ISBN 979-11-960665-0-5 (41720)
잘못 만들어진 책은 바꾸어 드립니다.

정가 10,000원

머리말

우리말 어휘의 70%를 차지하는 한자어는 교과 내용의 이해를 돕는 촉매 역할을 한다. 한자어로 된 개념과 용어를 배울 때 한자의 뜻을 알면 그 의미와 원리를 더 쉽고 빠르게 이해할 수 있다.

중학 과정에서 한자를 모르면 의미를 파악하기 힘든 용어가 대거 등장해 한자 실력이 성적을 좌우할 수밖에 없다. 한자를 아는 학생은 용어와 개념을 이해하지만, 그렇지 않은 학생은 달달 외울 수밖에 없기 때문이다.

한자로 개념이나 용어의 뜻을 유추하다 보면 사고력은 물론 교과 전반에 대한 이해력이 높아진다. 한자를 알면 의미를 잘못 파악하거나 다른 개념과 헷갈려 불필요하게 낭비하는 시간이 줄어들기 때문에 학습 효율도 높일 수 있기 때문이다.

단어의 의미를 정확히 알고 넘어가지 않으면 고학년으로 진학할수록 학습 장애를 겪을 가능성이 높다. 책을 줄줄 읽고도 정작 내용을 이해하지 못하는 학습 장애는 어휘력 부족으로 일어나는 경우가 많다.

이 책은 한자 학습과 어휘력 향상에 도움이 되도록 중학교 교과서 중에서 단어를 발췌하여 가나다순으로 배열하였다. 또한 교과 과목을 표기하여 빠르고 쉽게 필요한 단어를 찾을 수 있도록 하였다.

김 한 진

중학漢字단어장 차례

가공
더할 加 장인 工

^{기술} 원료나 재료에 손을 더 대어 새로운 물건을 만드는 일.

가공 무역
더할 加 장인 工 바꿀 貿 바꿀 易

^{사회} 외국에서 수입한 원자재나 반제품을 가공·제조하여 완제품으로 수출하는 무역 형태.

가공품
더할 加 장인 工 물건 品

^{국어} 천연물이나 미완성품을 원료로 하여, 인공을 가하여 만들어 내는 물품.

가구
집 家 갖출 具

^{기술} 집안 살림에 쓰는 온갖 물건.

가내 공장
집 家 안 內 장인 工 마당 場

^{국어} 집 안에 조그맣게 차린 공장.

가내 수공업
집 家 안 內 손 手 장인 工 업 業

^{기술} 집 안에서 작은 규모로 생산하는 수공업.

가망
옳을 可 바랄 望

^{국어} 가능성 있는 희망.

가무
노래 歌 춤출 舞

^{국어} 노래와 춤.

가사
노래 歌 말씀 詞

^{음악} 가곡·가요·오페라 따위의 노래 내용이 되는 글.

| 가설
거짓 假 말씀 說 | 국어 | 원인을 설명하거나 어떤 이론 체계를 연역하기 위하여 가정적으로 설정한 것. |

가설
거짓 假 말씀 說
 국어
원인을 설명하거나 어떤 이론 체계를 연역하기 위하여 가정적으로 설정한 것.

가야금
절 伽 땅이름 倻 거문고 琴
 음악
12줄로 된 우리 고유의 현악기.

가열
더할 加 더울 熱
 과학
어떤 물질에 열을 줌.

가옥
집 家 집 屋
 국어
사람이 사는 집.

가정
집 家 뜰 庭
 국어
가족이 함께 어울려서 사는 집안.

가정
거짓 假 정할 定
 과학
사실이 아니거나, 사실인지 아닌지 분명하지 않은 것을 사실인 것처럼 인정함.

가창
노래 歌 노래 唱
 음악
노래를 부름.

가치
값 價 값 値
 사회
어떤 사물이 지니고 있는 의의나 중요성·욕망을 충족시키는 재화나 서비스의 중요 정도나 유용성을 뜻함.

가치관
값 價 값 値 볼 觀
 국어
어떠한 가치나 뜻을 인정하는가에 관한 각자의 관점.

각기병
다리 脚 기운 氣 병들 病
 과학
다리에 공기가 든 것처럼 부음.

ㄱ

각색 다리 脚 빛 色	국어	소설·서사시 등을 기본으로 만듦.
각성 깨달을 覺 깰 醒	국어	자기의 잘못을 깨달음.
각혈 토할 咯 피 血	국어	피를 토함.
간기 사이 間 기약할 期	과학	세포가 분열이 끝난 후, 다음 분열이 시작되기 전까지의 시기.
간두 장대 竿 머리 頭	국어	장대나 나무대기 끝.
간사 범할 奸 간사할 邪	국어	성품이 간교하고 행실이 바르지 못함.
간소화 대쪽 簡 흴 素 될 化	국어	복잡한 것을 간략하게 함.
간언 간할 諫 말씀 言	국어	임금, 또는 윗사람에게 간하는 말.
간쟁 간할 諫 다툴 爭	사회	어른이나 임금에게 옳지 못하거나 잘못된 일을 고치도록 간절히 말함.
간조 방패 干 조수 潮	과학	가장 낮은 물높이까지 빠져나간 때의 썰물.

간척지
방패 干 넓힐 拓 땅 地

간척 공사를 하여 경작지로 만들어 놓은 땅.

간청
정성 懇 청할 請

간절히 부탁함.

간특
간사할 姦 사특할 慝

간사하고 능갈치며 악독함. 간사하고 사특함.

간판
볼 看 널빤지 板

가게 따위에서 여러 사람의 주위를 끌기 위해 써서 내건 표지.

갈등
칡 葛 등나무 藤

일이 까다롭게 뒤얽힘.

감각 기관
느낄 感 깨달을 覺 그릇 器 벼슬 官

동물체가 외계로부터 자극을 받아들여 이 자극을 신경계에 전달하는 기관.

감사
느낄 感 사례할 謝

고맙게 여김.

감사
살필 監 조사할 査

감독하고 검사함.

감상
거울 鑑 상줄 賞

예술 작품을 음미하고 이해하여 즐김.

감수
달 甘 받을 受

질책 · 고통 · 모욕 따위를 군말 없이 달게 받음.

| 감수 분열
덜減 셈할數 나눌分 찢을裂 | 과학 | 염색체 수가 반으로 줄어들어 정자, 난자와 같은 생식 세포를 형성하는 분열. |

| 감정
느낄感 뜻情 | 국어 | 사물에 대하여 느끼어 일어나는 마음. |

| 감초
달甘 풀草 | 국어 | 콩과의 여러해살이 약용식물. |

| 감탄사
느낄感 읊을歎 말씀詞 | 국어 | 감동·응답·부름·놀람 따위의 느낌을 나타내는 품사. |

| 감회
느낄感 품을懷 | 국어 | 마음에 느낀 생각과 회포. |

| 갑골 문자
갑甲 뼈骨 글월文 글자字 | 국어 | 거북 딱지와 짐승의 뼈에 새긴 중국 고대의 상형 문자. |

| 강당
익힐講 집堂 | 국어 | 많은 사람이 들어 갈 수 있게 특별히 만든 큰 방. |

| 강도
힘쓸強 법도度 | 기술 | 강렬한 정도. |

| 강수량
내릴降 물水 헤아릴量 | 사회 | 비·눈·우박 따위가 지상에 내린 것을 모두 물로 환산한 분량. |

| 강연
익힐講 펼演 | 국어 | 일정한 주제로 많은 청중 앞에서 연설함. |

12

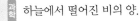

강우량
내릴 降 비 雨 헤아릴 量

과학 하늘에서 떨어진 비의 양.

강장 동물
빈속 腔 창자 腸 움직일 動 만물 物

과학 몸의 구조가 간단하고 입과 항문의 구분이 없는 동물.

강장제
굳셀 強 씩씩할 壯 지을 劑

국어 영양을 돕거나 체력을 증진시켜 몸을 튼튼하게 하는 데에 쓰이는 약.

강화
익힐 講 화할 和

사회 교전국끼리 싸움을 그만두고 서로 화의함.

개기 일식
다 皆 이미 旣 날 日 좀먹을 蝕

과학 달에 가려서 태양 전체가 보이지 않는 현상.

개량
고칠 改 좋을 良

국어 나쁜 점을 고쳐 좋게 함.

개발도상국
열 開 쏠 發 길 途 위 上 나라 國

사회 소득이 적고 주로 1차 산업에 의존하고 있는 국가.

개방 도시
열 開 놓을 放 도읍 都 저자 市

사회 경제 특구와 비슷하나 국가의 통제를 받는다는 점이 다른 도시.

개설
열 開 베풀 設

국어 새로 설치함.

개종
고칠 改 마루 宗

사회 믿던 종교를 그만 두고 다른 종교를 믿음.

13

개창 열 開 비롯할 創	사회	새로 시작하거나 만들어 냄.
개천 열 開 내 川	국어	개골창 물이 흘러가도록 길게 판 내.
개항 열 開 항구 港	사회	항구를 개방하여 외국 선박의 출입을 허가하는 것.
개화 열 開 될 化	국어	사람의 지혜가 열리고 사상과 풍속이 진보함.
객관적 손님 客 볼 觀 과녁 的	국어	제삼자의 입장에서 사물을 보고 생각하는 것.
객창 한등 손님 客 창문 窓 찰 寒 등잔 燈	국어	객지의 여관에서 쓸쓸하게 보이는 등불이라는 뜻으로, 객지의 외로움을 이르는 말.
거동 들 擧 움직일 動	국어	몸을 움직이는 짓이나 태도.
거식증 막을 拒 밥 食 증세 症	국어	먹는 것을 거부하거나 두려워하는 병적 증상.
거자필반 갈 去 사람 者 반드시 必 되돌릴 反	국어	떠난 자는 반드시 돌아온다는 말.
거지반 살 居 갈 之 반 半	국어	절반 이상.

거창 클 巨 비롯할 創		사물이 엄청나게 큼.
건강 튼튼할 建 편안할 康		몸에 아무런 탈이 없이 튼튼함.
건물 튼튼할 建 만물 物		사람이 살거나, 일을 하거나, 물건을 넣어 두거나 하기 위해 지은 집 따위의 총칭.
건반 열쇠 鍵 소반 盤		피아노 · 오르간 따위의 손으로 치게 된 부분.
건설 튼튼할 建 베풀 設		건물이나 시설물 따위를 새로 만들어 세움.
건조 하늘 乾 마를 燥		습기 · 물기가 없어짐.
검거 조사할 檢 들 擧		수사 기관에서 범법 용의자를 잡아가는 일.
검전기 조사할 檢 번개 電 그릇 器		물체나 전기 회로 중에, 전기가 있나 없나를 검사하기 위하여 사용하는 계기나 장치의 총칭.
검정 교과서 조사할 檢 정할 定 가르칠 敎 과정 科 글 書		교육과학기술부에서 검정을 끝내고, 허가된 교과서.
검정필 조사할 檢 정할 定 마칠 畢		검정을 마침.

15

게시판	
들揭 보일示 널빤지板	알리는 글이나 그림을 붙이는 판자.

격앙	
부딪칠激 오를昂	감정·기운이 격발하여 높아짐.

견과	
굳을堅 실과果	껍데기가 굳고 단단하며 열매가 익어도 벌어지지 않는 과실류.

견원지간	
개犬 원숭이猿 갈之 사이間	개와 원숭이 사이라는 뜻으로, 서로 사이가 나쁜 두 사람의 관계를 비유하는 말.

견제	
끌牽 지을制	끌어당겨 자유로운 행동을 하지 못하게 억누름.

견해	
볼見 풀解	어떤 사물에 대한 가치 판단이나 사고 방식. 사물을 보는 방법이나 생각하는 방법.

결단	
결단할決 끊을斷	딱 잘라 결정하거나 단정을 내림. 또는 결정이나 단정.

결박	
맺을結 묶을縛	몸이나 손 따위를 묶음.

결빙	
맺을結 얼음氷	물이 얼어 얼음이 됨.

결사	
결단할決 죽을死	죽기를 각오하고 있는 힘을 다할 것을 결심함.

16

결연 결단할 決 그러할 然	국어	태도가 매우 굳세고 꿋꿋함.
결절 맺을 結 마디 節	국어	강낭콩 또는 도토리 크기로 맺혀진 살갗 위로 두드러져 나온 것.
결정 결단할 決 정할 定	국어	결단하여 정함.
결핍 이지러질 缺 가난할 乏	가정	있어야 할 것이 없어지거나 모자람.
결합 조직 맺을 結 합할 合 짤 組 짤 織	과학	온 몸의 조직이나 기관을 연결하고 지지하는 조직.
결혼 맺을 結 혼인할 婚	국어	성인 남녀가 시집가고 장가드는 일.
겸상 겸할 兼 평상 床	국어	두 사람이 한 상에 마주 앉게 차린 상.
겸손 겸손할 謙 겸손할 遜	국어	남을 높이고 자기를 낮춤.
경각 잠깐 頃 새길 刻	국어	극히 짧은 시간. 눈 깜박이는 사이.
경감 가벼울 輕 덜 減	사회	감하여 가볍게 함.

17

경망 가벼울 輕 허망할 妄	국어	말과 행동이 가볍고 방정맞음.
경매 겨룰 競 팔 賣	사회	가장 비싸게 사겠다는 사람에게 물건을 파는 일.
경배 공경할 敬 절 拜	사회	공경하여 공손하게 절함. 또는 신을 숭배함.
경보 경계할 警 알릴 報	국어	위험이 닥칠 때 경계하라고 미리 알리는 일.
경부선 서울 京 가마 釜 줄 線	국어	서울과 부산을 연결하는 철도.
경솔 가벼울 輕 거느릴 率	국어	언행이 진중하지 않고 가벼움.
경제적 지날 經 건널 濟 과녁 的	국어	경제 또는 경제상에 관한 것.
경제 특구 지날 經 건널 濟 특별할 特 지경 區	사회	외국의 자본과 기술을 도입하기 위해 만든 경제 자유 지역.
경지 밭갈 耕 땅 地	사회	농사를 짓는 땅.
경직 굳을 硬 곧을 直	국어	굳어서 꼿꼿하게 됨.

18

경치 볕 景 보낼 致	자연의 아름다운 모습. 산 · 내 · 들 따위의 모양.
경쾌 가벼울 輕 쾌할 快	마음이 홀가분하고 유쾌함.
경풍 놀랄 驚 바람 風	어린아이가 경련을 일으키는 병의 총칭.
경험담 지날 經 시험할 驗 말씀 談	경험한 사실에 대한 이야기.
계고장 경계할 戒 알릴 告 형상 狀	행정상의 의무이행을 촉구하는 문서.
계곡 시내 溪 골 谷	두 산 사이에 물이 흐르는 골짜기.
계교 셈할 計 공교할 巧	요리조리 생각해 낸 꾀.
계란 닭 鷄 알 卵	닭이 낳은 알.
계륵 닭 鷄 갈비 肋	닭의 갈비라는 뜻으로, 그다지 가치는 없으나 버리기가 아까운 사물을 일컫는 말.
계몽 열 啓 어릴 蒙	지식 수준이 낮거나 전통적인 인습에 젖어 있는 사람을 가르쳐서 깨우침.

계몽 사상 열 啓 어릴 蒙 생각할 思 생각할 想	사회	교회의 권위에 바탕을 둔 구시대의 정신적 권위와 사상적 특권에 반대하고, 인간적이고 합리적인 사유를 주장하는 것.
계산대 셈할 計 셈할 算 돈대 臺	국어	은행이나 슈퍼마켓 · 상점 등에서 계산을 하기 위하여 마련한 대.
계절풍 계절 季 마디 節 바람 風	사회	몬순(monsoon)이라고도 하며, 겨울에는 대륙에서 해양으로, 여름에는 해양에서 대륙으로 부는 바람.
고대광실 높을 高 돈대 臺 넓을 廣 집 室	국어	높은 돈대와 넓은 집이라는 뜻으로, 규모가 굉장히 크고 잘 지은 집.
고도 높을 高 법도 度	과학	지평선과 천체가 이루는 각도.
고랭지 농업 높을 高 찰 冷 땅 地 농사 農 업 業	사회	높고 서늘한 지역에서 행해지는 농업.
고령화 높을 高 나이 齡 될 化	사회	사회에서의 노인의 인구 비율이 높은 상태로 나타난 것.
고리 대금 높을 高 이로울 利 빌릴 貸 쇠 金	사회	곡물, 돈 등을 빌려 주고 부당하게 높은 이자를 받는 것.
고막 북 鼓 막 膜	과학	귓구멍 안쪽의 얇은 막. 공기의 진동에 따라 같이 진동하여 소리를 전달함.
고산 기후 높을 高 뫼 山 기운 氣 물을 候	사회	해발 고도가 100m 높아질 때 기온은 약 0.5℃ 낮아지므로, 열대 고산 지역은 사람이 살기에 적합한 기후가 나타남.

고속 도로 높을 高 빠를 速 길 道 길 路	국어	자동차가 고속으로 달릴 수 있도록 만든 자동차 전용 도로.
고수 북 鼓 손 手	국어	북이나 장구를 치는 사람.
고식지계 시어미 姑 숨쉴 息 갈 之 셈할 計	국어	아녀자나 어린아이가 꾸민 것 같은 계책이라는 뜻으로, 당장에 편한 것만 택하는 계책.
고아원 외로울 孤 아이 兒 집 院	국어	고아를 수용하여 돌보는 곳.
고양 높을 高 오를 揚	국어	정신이나 기분 등을 북돋워서 높임.
고원 높을 高 근원 原	사회	고도가 높지만 꼭대기 부분이 뾰족하지 않고 평평한 곳.
고적 옛 古 행적 蹟	국어	남아 있는 옛적 물건이나 건물.
고정 굳을 固 정할 定	국어	일정한 곳이나 상태에서 움직이지 않음. 한 곳에 박혀있음.
고정 관념 굳을 固 정할 定 볼 觀 생각할 念	국어	자연히 마음이 그리로 가서 항상 의식에 고착되어 있는 관념.
고조 높을 高 고를 調	국어	어떤 분위기나 감정 같은 것이 한창 무르익어 높아짐.

21

| 고증학
생각할 考 증거 證 배울 學 | 사회 | 중국 청조(淸朝)에 일어난 학풍. |

| 고체
굳을 固 몸 體 | 과학 | 일정한 모양과 부피를 갖추고 있는 단단한 물체. |

| 고충
쓸 苦 속마음 衷 | 국어 | 괴로운 심정이나 사정. |

| 고택
옛 古 집 宅 | 국어 | 지은 지 오래 된 집. |

| 곡류
곡식 穀 무리 類 | 가정 | 쌀 · 보리 · 밀 · 옥수수 등의 곡식의 총칭. |

| 곡성
울 哭 소리 聲 | 국어 | 곡하는 소리. |

| 곡예
굽을 曲 재주 藝 | 국어 | 줄타기 · 공타기 · 곡마 · 요술 · 재주넘기 따위 연예의 총칭. |

| 곡절
굽을 曲 꺾을 折 | 국어 | 여러 가지 복잡한 사정이나 까닭. |

| 곤궁
괴로울 困 다할 窮 | 국어 | 가난하여 살림이 구차함. |

| 골각기
뼈 骨 뿔 角 그릇 器 | 사회 | 동물의 뼈, 뿔 등으로 만든 도구나 장신구. |

골몰 빠질 汨 잠길 沒	국어	다른 생각을 버리고 한 가지 일에만 온 정신을 쏟음.
공감대 함께 共 느낄 感 띠 帶	국어	서로 공감을 하는 부분.
공구 장인 工 갖출 具	국어	기계 따위를 만드는 데 쓰는 기구.
공권력 공변될 公 권세 權 힘 力	사회	국가 또는 공공 단체가 국민에 대하여 명령하고 강제하는 권력.
공납 바칠 攻 들일 納	사회	백성이 그 지방의 특산물을 조정에 바치던 일.
공무원 공변될 公 일 務 인원 員	국어	국가 또는 지방 자치 단체의 사무를 맡아보는 사람.
공사 공변될 公 부릴 使	사회	국가를 대표하여 조약을 맺은 국가에 일정 기간 머무르는 외교관.
공상 과학 빌 空 생각할 想 과정 科 배울 學	국어	과학적 공상으로 상식을 초월한 세계를 연구하는 일.
공습 빌 空 엄습할 襲	국어	비행기로 적진이나 적의 영토를 공격하는 일.
공염불 빌 空 생각할 念 부처 佛	국어	입 끝으로만 외는 헛된 염불. 말만 앞세우고 실제가 없음의 비유.

공예	미술	공작에 관한 예술. 미술적인 조형미를 갖춘 공업 생산품을 제조하는 기술 또는 그 조형물.
장인 工 심을 藝		

공용어	국어	국가 또는 각 기관 단체에서 공식적으로 표준을 삼아서 쓰는 말.
공변될 公 쓸 用 말씀 語		

공전	과학	지구가 태양 주위를 1년에 한 바퀴씩 도는 현상.
공변될 公 구를 轉		

공정	기술	작업이 진척되는 정도.
장인 工 단위 程		

공존	사회	함께 같이 있는 것. 함께 살아가는 것.
함께 共 있을 存		

공중	국어	하늘과 땅 사이의 빈 곳.
빌 空 가운데 中		

공통점	국어	서로 닮거나 통하는 점.
함께 共 통할 通 점 點		

공포 정치	사회	정권을 유지·획득하기 위하여 대중에게 공포감을 주는 정치.
두려울 恐 두려울 怖 정사 政 다스릴 治		

공표	국어	세상에 널리 알림.
공변될 公 겉 表		

과밀	국어	지나치게 집중되는 것.
지날 過 빽빽할 密		

과부 적을 寡 아내 婦	국어	남편이 죽어서 혼자 사는 여자.
과세 매길 課 구실 稅	사회	세금을 매김.
과소 평가 지날 過 작을 小 평할 評 값 價	국어	사실보다 작거나 약하게 평가함. 실제보다 낮게 평가함.
과업 매길 課 업 業	국어	마땅히 해야 할 일이나 주어진 일.
과인 적을 寡 사람 人	국어	제후국(諸侯國)의 임금 자신이 자기를 낮게 칭하던 말.
과장 과정 科 마당 場	국어	과거(科擧)를 보이던 곳.
과장 자랑할 誇 베풀 張	국어	사실보다 지나치게 부풀림.
관개 물댈 灌 물댈 漑	사회	필요한 물을 강이나 저수지 등에서 끌어들여 사용하는 것.
관련 빗장 關 잇닿을 聯	국어	관계를 가짐. 서로 걸려 얽힘.
관료전 벼슬 官 동료 僚 밭 田	국어	신라 문무왕 때 관리들에게 지급했던 토지.

관료제
벼슬 官 동료 僚 마를 制
_{사회} 국왕이 임명한 행정 관료에 의해 통치되는 제도.

관문
빗장 關 문 門
_{국어} 국경이나 요새에 세운 성문.

관사
벼슬 官 집 舍
_{국어} 관리가 살도록 관청에서 지은 집.

관성
버릇 慣 성품 性
_{과학} 물체가 외부의 작용을 받지 아니하는 한, 정지 또는 운동 상태를 계속 유지하려고 하는 성질.

관세 동맹
빗장 關 구실 稅 한가지 同 맹세할 盟
_{사회} 국가 사이의 관세 제도를 통일하여 동맹국 간에는 관세를 폐지 또는 인하하고 제3국에 대하여는 공통된 관세를 설정하는 동맹.

관심
빗장 關 마음 心
_{국어} 어떤 일에 마음이 끌려서 흥미를 느끼는 일.

관용어
버릇 慣 쓸 用 말씀 語
_{국어} 일반적으로 습관이 되어 사용되고 있는 말.

관찰사
볼 觀 살필 察 부릴 使
_{사회} 조선시대 각 도를 관장하던 종2품의 지방장관.

관현악
대롱 管 악기줄 絃 풍류 樂
_{음악} 관악기 · 현악기 · 타악기의 합주 음악.

관형사
갓 冠 모양 形 말씀 詞
_{국어} 체언 앞에 놓여서 그 체언이 가진 뜻을 꾸며 주는 품사.

관형어 갓 冠 모양 形 말씀 語	국어	문장에서, 체언 앞에서 체언의 내용을 꾸미는 구실을 하는 문장 성분.
광고 넓을 廣 알릴 告	국어	세상에 널리 알림.
광고문 넓을 廣 알릴 告 글월 文	국어	신문 · 잡지 등에 광고할 사실의 내용을 쓴 글.
광년 빛 光 해 年	과학	빛의 속도로 1년 동안 가는 거리.
광물 쇳돌 鑛 만물 物	과학	땅 속에 묻혀 있는 철 · 금 · 은 · 석탄 같은 것.
광합성 빛 光 합할 合 이룰 成	과학	녹색 식물의 엽록체가 빛에너지를 이용하여 이산화탄소와 물을 원료로 포도당과 산소를 만드는 작용.
괴팍 어그러질 乖 괴팍할 愎	국어	성질이 까다롭고 별남.
괴혈병 무너질 壞 피 血 병들 病	과학	비타민C의 결핍으로 일어나는 병.
교각 다리 橋 다리 脚	국어	다리의 몸체를 받치는 기둥.
교감 사귈 交 느낄 感	국어	서로 감응함. 서로 마음이 통함.

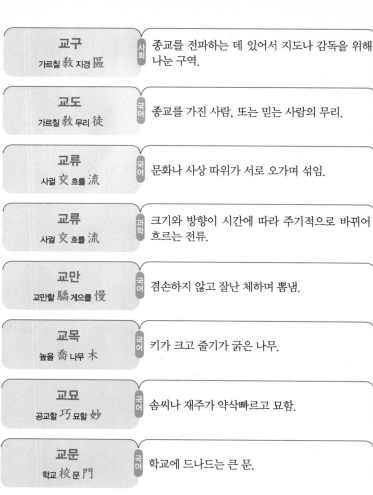

| 교구
가르칠 教 지경 區 | 사회 | 종교를 전파하는 데 있어서 지도나 감독을 위해 나눈 구역. |

| 교도
가르칠 教 무리 徒 | 국어 | 종교를 가진 사람, 또는 믿는 사람의 무리. |

| 교류
사귈 交 흐를 流 | 국어 | 문화나 사상 따위가 서로 오가며 섞임. |

| 교류
사귈 交 흐를 流 | 과학 | 크기와 방향이 시간에 따라 주기적으로 바뀌어 흐르는 전류. |

| 교만
교만할 驕 게으를 慢 | 국어 | 겸손하지 않고 잘난 체하며 뽐냄. |

| 교목
높을 喬 나무 木 | 국어 | 키가 크고 줄기가 굵은 나무. |

| 교묘
공교할 巧 묘할 妙 | 국어 | 솜씨나 재주가 약삭빠르고 묘함. |

| 교문
학교 校 문 門 | 국어 | 학교에 드나드는 큰 문. |

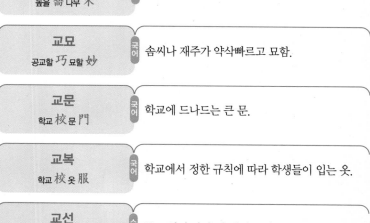

| 교복
학교 校 옷 服 | 국어 | 학교에서 정한 규칙에 따라 학생들이 입는 옷. |

| 교선
사귈 交 줄 線 | 수학 | 두 도형이 만날 때 생기는 선. |

교섭 사귈 交 건널 涉		어떤 일을 이루기 위하여 서로 의논함.
교양 가르칠 敎 기를 養		학문·지식을 바탕으로 하여 닦은 마음이나 행동.
교열 학교 校 검열할 閱		인쇄물이나 원고 따위의 잘못을 바로잡고 보완함.
교자상 사귈 交 아들 子 상 床		교자를 차릴 때 쓰는, 긴네모꼴의 큰 음식상.
교점 사귈 交 점 點		두 직선이 만날 때 생기는 점.
교편 가르칠 敎 채찍 鞭		선생이 수업하면서 사용하는 가느다란 막대기.
교향곡 사귈 交 울릴 響 굽을 曲		관현악을 위하여 작곡한, 보통 4악장으로 된 규모가 큰 곡.
교환 사귈 交 바꿀 換	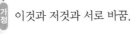	이것과 저것과 서로 바꿈.
구간 지경 區 사이 間		일정한 지점의 사이.
구개음화 입 口 덮을 蓋 소리 音 될 化		본디 구개음이 아닌 'ㄷ·ㅌ' 따위의 자음이 그 아래에 오는 [i]모음 과 닮아져서, 구개음으로 변하는 현상.

29

구걸 구할 求 빌 乞	국어	돈이나 양식 따위를 거저 얻으려는 행위.
구교 옛 舊 가르칠 敎	사회	종교 개혁 이전의 로마 가톨릭을 이르는 말.
구루병 꼽추 佝 구부릴 僂 병 病	과학	골연화증으로 등뼈나 가슴뼈 따위가 굽는 병.
구비문학 입 口 돌기둥 碑 글월 文 배울 學	국어	예로부터 입에서 입으로 전해 온 문학(설화·민요·수수께끼 등).
구설수 입 口 혀 舌 셈할 數	국어	남에게 구설을 들을 운수.
구성 얽을 構 이룰 成	국어	몇 개의 부분이나 요소를 얽어서 하나로 만드는 일.
구성원 얽을 構 이룰 成 인원 員	가정	어떤 조직을 이루고 있는 사람.
구심력 구할 求 마음 心 힘 力	과학	물체가 원 운동을 할 때 중심으로 쏠리는 힘.
구제 몰 驅 덜 除	국어	몰아내어 없애 버림.
구차 진실로 苟 또 且	국어	군색스럽고 구구함.

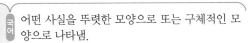

| **구현**
갖출 具 나타날 現 | 국어 | 어떤 사실을 뚜렷한 모양으로 또는 구체적인 모양으로 나타냄. |

| **국기**
나라 國 재주 技 | 국어 | 그 나라에서 전통적으로 특별히 가지고 있는 기예 또는 무술. |

| **국민 의회**
나라 國 백성 民 의논할 議 모일 會 | 사회 | 프랑스의 3부회에서 표결 방식을 둘러싸고 대립이 일어나자 제3 신분이 단독으로 결성한 의회. |

| **국문학**
나라 國 글월 文 배울 學 | 국어 | 우리 나라의 말과 글로써 된 고유의 문학, 또는 그것을 연구하는 학문. |

| **국사**
나라 國 역사 史 | 국어 | 한 나라의 역사. |

| **국악**
나라 國 풍류 樂 | 음악 | 그 나라의 고유한 음악. |

| **국어**
나라 國 말씀 語 | 국어 | 국민 전체가 쓰는 그 나라의 고유한 말. |

| **국영 농장**
나라 國 경영할 營 농사 農 마당 場 | 사회 | 대지주의 소유지를 국가가 몰수하여 국가가 직접 관리하고 경영하는 농장. |

| **국화**
나라 國 꽃 花 | 국어 | 나라의 상징으로 삼아, 국민이 사랑하고 귀중히 여기는 꽃. |

| **군비**
군사 軍 갖출 備 | 사회 | 전쟁을 수행하기 위해 갖춘 무기나 군사 시설. |

굴복 굽을 屈 엎드릴 伏	국어	머리를 숙이고 꿇어 엎드림.
굴욕 굽을 屈 욕될 辱	국어	남에게 꺾여 업신여김을 받음.
궁리 다할 窮 다스릴 理	국어	좋은 도리를 발견하려고 곰곰 생각함. 이치를 깊이 연구함.
권력 권세 權 힘 力	국어	남을 강제로 복종시키는 힘.
권선징악 권할 勸 착할 善 혼날 懲 악할 惡	국어	착한 일을 권장하고 악한 일을 징계함.
권세 권세 權 기세 勢	국어	권력과 세력. 권력을 쥐어 위세가 있음.
권위 권세 權 위엄 威	사회	일정한 분야에서 사회적으로 인정을 받고 영향을 끼칠 수 있는 능력이나 위신.
궤도 길 軌 길 道	국어	레일을 깐 기차나 전차의 길.
귀납법 돌아갈 歸 바칠 納 법 法	사회	구체적이고 개별적인 사실로부터 일반적인 원리를 이끌어 내는 추론 방법.
귀빈 귀할 貴 손님 賓	국어	귀한 손님.

32

귀신 귀신 鬼 귀신 神		죽은 사람의 넋. 복이나 화를 준다고 하는 죽은 사람의 넋.
귀애 귀할 貴 사랑 愛		귀엽게 여기고 사랑함.
귀재 귀신 鬼 재주 才		세상에 드문 재능. 또는 그러한 재능을 가진 사람.
규제 법 規 지을 劑		규칙이나 규정을 세워 제한함.
규탄 얽힐 糾 탄알 彈		공적인 처지에서, 잘못 · 허물 등을 잡아내어 따지고 나무람.
균역법 고를 均 부릴 役 법 法		1750년 백성의 부담을 덜기 위해 만든 납세법.
균일 혼합물 고를 均 한 一 섞을 混 합할 合 만물 物		성분 물질들이 고르게 섞여 있는 물질.
균형 고를 均 저울대 衡		어느 한쪽으로 치우치지 아니하고 쪽 고름.
극관 다할 極 갓 冠		화성 양극 끝에서 하얗게 빛나는 부분.
극동 다할 極 동녘 東		아시아 대륙의 동쪽에 위치한 지역. 우리 나라 · 일본 · 중국 · 필리핀 등을 이르는 말.

33

극피 동물

가시나무 棘 가죽 皮 움직일 動 만물 物

성게류와 불가사리류, 해삼류의 해양 동물로 알을 낳아 번식하며 체외 수정을 함.

근거

뿌리 根 의거할 據

의견·의론 따위의 까닭, 또는 바탕이 되는 것.

근대화

가까울 近 대신할 代 될 化

산업, 문화 등이 기타 각 방면에 있어서 뒤떨어진 상태로부터 벗어나 더 발달된 상태로 되게 함.

근로 기준법

부지런할 勤 일할 勞 터 基 법 準 법 法

헌법에 의거하여 근로 조건의 기준을 정함으로써 근로자의 기본적 생활을 보장·향상시키기 위해 제정된 법률.

근시

가까울 近 볼 視

가까운 곳은 잘 볼 수 있고, 먼 곳은 잘 보이지 않음.

근호

뿌리 根 부르짖을 號

거듭제곱근을 보이는 기호 곧, $\sqrt{}$를 이름.

금고

쇠 金 창고 庫

화재·도난 등을 방지하고자 돈과 중요 서류를 보관하는 데 쓰는 궤.

금관 악기

쇠 金 대롱 管 풍류 樂 그릇 器

금속제의 음관으로 된 취주악기. 연주자의 두 입술의 진동으로 소리가 나게 되어 있음.

금단 현상

금할 禁 끊을 斷 나타날 現 코끼리 象

약물 만성 중독자가 약물 섭취를 끊었을 때 나타나는 정신상의 이상 증세.

금상첨화

비단 錦 위 上 더할 添 꽃 花

비단에 다시 꽃 장식을 더한다는 뜻으로, 좋은 것 위에 또 좋은 것을 더함.

금속 쇠 金 이을 屬 [기술]	특수한 광택이 있고 열과 전기를 전도하여, 퍼지고 늘어지는 성질이 풍부한 물질의 총칭.
금속박 쇠 金 이을 屬 발 箔 [과학]	아주 얇은 금속 조각.
금수강산 비단 錦 수繡 강 江 뫼 山 [국어]	비단에 수놓은 듯이 아름다운 산천이란 뜻으로, 아름다운 자연을 이르는 말.
금지옥엽 쇠 金 가지 枝 옥 玉 잎 葉 [국어]	황금으로 된 나뭇가지와 옥으로 만든 잎이란 뜻으로, 임금의 자손이나 집안을 높이어 이르는 말.
급선무 급할 急 먼저 先 일 務 [국어]	무엇보다도 급하게 먼저 서둘러 해야 할 일.
급우 등급 級 벗 友 [국어]	같은 학급의 친구.
급증 급할 急 더할 增 [국어]	갑자기 늘어남.
긍정 즐길 肯 정할 定 [국어]	어떤 사실이나 생각·이론 따위를 그러하다고 인정함.
긍정적 즐길 肯 정할 定 과녁 的 [가정]	어떤 사실이나 생각 등을 그렇다고 인정하거나 승인하는 것.
긍지 자랑할 矜 가질 持 [국어]	스스로 자랑스러워 하는 마음.

기계화 기계 機 기계 械 될 化	인간 또는 동물의 노동력을 대신해 기계가 작업을 하도록 하는 것.
기관 기운 氣 대롱 管	공기가 드나드는 통로.
기도 빌 祈 빌 禱	소원이 이루어지기를 신에게 비는 일.
기득권 이미 既 얻을 得 권세 權	특정한 자연인 또는 법인이 정당한 절차를 밟아 법규에 의해 얻은 권리.
기록문 기록할 記 기록할 錄 글월 文	사실을 기록한 글.
기록 문학 기록할 記 기록할 錄 글월 文 배울 學	기록적 요소가 매우 강한 문학.
기만 속일 欺 속일 瞞	감쪽같이 남을 속여 넘김.
기백 기운 氣 넋 魄	씩씩한 기상과 진취성이 있는 정신.
기본 터 基 근본 本	사물의 가장 중요한 밑바탕.
기분 기운 氣 나눌 分	저절로 느껴지는 마음의 움직임.

기사문 기록할 記 일 事 글월 文	국어	사실의 성질 · 형상 · 효용 등을 보고들은 그대로 적은 글.
기상 기운 氣 코끼리 象	과학	비 · 눈 · 바람 · 안개 · 구름 · 기온 등 대기 가운데서 일어나는 모든 물리적 현상.
기성복 이미 旣 이룰 成 옷 服	가정	상품으로서 주문 받지 않고 일정한 기준 치수에 맞춰서 미리 지어 놓은 옷.
기술 재주 技 재주 術	국어	어떤 일을 정확하고 능률적으로 해내는 솜씨.
기승 기운 氣 이길 勝	국어	억척스러워서 좀처럼 굽히지 않는 성미.
기아 주릴 飢 주릴 餓	사회	사람이 먹을 것이 없어 오랫동안 거의 먹지 못하고 지내는 상태.
기악 그릇 器 풍류 樂	음악	주로 악기를 사용하여 연주하는 음악.
기압 기운 氣 누를 壓	과학	공기가 지표면을 누르는 힘.
기이 기이할 奇 다를 異	국어	기묘하고 이상함.
기절초풍 기운 氣 끊을 絶 그을릴 焦 두풍 瘋	국어	깜짝 놀라 숨이 막히고 경기를 일으킬 정도로 몹시 놀람.

기준점 터 基 법도 準 점 點	과학	위치를 나타내기 위해 정한 기준이 되는 것.
기중기 일어날 起 무거울 重 기계 機	과학	무거운 물건을 들어올리거나 내리거나, 이동시키는 기계.
기지 기계 機 슬기 智	국어	그때그때에 따라 재치 있게 나타나는 슬기.
기질 기운 氣 바탕 質	국어	개인이나 집단 특유의 성질.
기탁 부칠 寄 부탁할 託	국어	부탁하여 맡기어 둠.
기하학 기미 幾 어찌 何 배울 學	국어	수학의 한 영역으로, 점·선·면·입체 등이 만드는 공간 도형의 성질을 연구하는 학문.
기호 기록할 記 부르짖을 號	사회	무슨 뜻을 나타내기 위하여 적은 부호·문자·표시 따위의 총칭.
기화 기운 氣 될 化	과학	액체가 기체로 되는 상태의 변화.
기화열 기운 氣 될 化 더울 熱	과학	물이 증발할 때 주위에서 흡수하는 열.
기회 기계 機 모일 會	국어	어떤 일을 하기에 가장 알맞고 좋은 때.

| 기후
기운 氣 물을 候 | 사회 | 비가 오고, 맑고, 흐리고, 춥고, 덥고 하는 따위의 모든 현상. |
| 끽연
마실 喫 연기 煙 | 국어 | 담배를 피움, 흡연. |

나사
소라 螺 실 絲 〔기술〕
소라처럼 빙빙 비틀리어 고랑이 진 물건. 물건을 고정시키는 데에 씀.

나선형
소라 螺 돌 旋 모양 形 〔과학〕
나사 모양으로 빙빙 뒤틀려 돌아간 모양.

나왕
그물 羅 임금 王 〔사회〕
가구용 또는 건축용으로 쓰이는 목재의 일종.

낙농업
유즙 酪 농사 農 업 業 〔사회〕
젖소나 염소 등을 길러 그 젖을 짜거나 또는 그 젖으로 버터·치즈 등을 만드는 농업.

낙담
떨어질 落 쓸개 膽 〔국어〕
뜻대로 되지 않아서 갑자기 기운이 빠지거나 마음이 상함.

낙락장송
떨어질 落 떨어질 落 길 長 소나무 松 〔국어〕
가지가 축축 늘어진 큰 소나무를 이르는 말.

낙선
떨어질 落 가릴 選 〔국어〕
선거 혹은 선발에서 떨어짐.

낙천주의
즐길 樂 하늘 天 주인 主 옳을 義 〔국어〕
세상과 인생을 가치 있는 것으로 희망적으로 보는 세계관 또는 인생관. 악의 존재를 인정하면서도 이 세상을 있을 수 있는 것 중에서 최선으로 보는 태도.

낙하
떨어질 落 아래 下 〔과학〕
높은 데서 떨어짐.

난간 난간 欄 방패 干	_{국어}	층계나 다리의 가장 자리에 종횡으로 나무나 쇠로 만들어 세워 놓은 구조물.
난감 어려울 難 견딜 堪	_{국어}	견디어 내기 어려움.
난류 따뜻할 暖 흐를 流	_{과학}	온도가 높고 염분이 많은 해류. 적도 부근에서 근원을 이루어 차츰 높은 위도로 흘러감.
난무 어지러울 亂 춤출 舞	_{국어}	여럿이 어울려 어지럽게 추는 춤.
난방 따뜻할 煖 방 房	_{기술}	방을 따뜻하게 함.
난할 알 卵 나눌 割	_{과학}	수정란이 세포 분열하여 할구의 숫자가 2개, 4개, 8개… 순으로 나누어지는 과정.
남극 조약 남녘 南 다할 極 가지 條 묶을 約	_{사회}	남극 대륙 보호를 위해 개발금지, 영유권 주장 금지, 남극 대륙의 평화적 이용, 학술 조사 등 공동 목적에 이용할 것을 약속한 조약.
남용 넘칠 濫 쓸 用	_{국어}	함부로 씀.
남하 남녘 南 아래 下	_{국어}	남쪽으로 내려 감.
납득 들일 納 얻을 得	_{국어}	사리를 이해함. 남의 말이나 행동이나 사정 따위를 잘 알아 이해함.

41

납세자 들일 納 구실 稅 사람 者	사회	세금을 납부해야 하는 사람.
납속가자 들일 納 조 粟 더할 加 재물 資	사회	조선 시대에, 흉년과 병란(兵亂)이 있을 때, 곡식을 많이 바친 사람에게 정삼품의 벼슬을 주던 일.
낭배기 주머니 囊 아이밸 胚 기약할 期	과학	배가 주머니 모양으로 되는 시기.
낭비 물결 浪 소비할 費	가정	시간·재물 따위를 헛되이 함부로 씀.
낭패 이리 狼 이리 狽	국어	일이 실패로 돌아가 매우 딱하게 됨.
낭패감 이리 狼 이리 狽 느낄 感	국어	어떻게 할 수 없는 난처한 처지가 되었다는 느낌.
내각 안 內 뿔 角	수학	다각형에서 안쪽의 각.
내막 안 內 막 幕	국어	표면화 되지 아니한 일의 내용.
내분 안 內 어지러울 紛	국어	단체 따위의 내부에서 일어나는 분쟁.
내성적 안 內 살필 省 과녁 的	국어	겉으로 표현하지 않고 마음속으로만 생각하는 성격.

내일
올 來 날 日

오늘의 바로 다음날.

내재율
안 內 있을 在 법 律

시에서, 문장 안에 깃들어 있는 잠재적인 운율.

내진 설계
견딜 耐 벼락 震 베풀 設 셈할 計

지진의 충격에 잘 견딜 수 있도록 건물을 설계 하는 방식.

내호흡
안 內 부를 呼 마실 吸

세포가 산소를 이용해 영양소를 이산화탄소와 물로 분해하여 에너지를 내는 일.

냉각
찰 冷 물리칠 却

식혀서 차게 함.

냉동실
찰 冷 얼 凍 집 室

썩지 않게 해 두기 위하여 얼리는 곳.

냉매
찰 冷 중매 媒

열 교환기에서 열을 빼앗기 위하여 사용하는 매 체.

냉방
찰 冷 방 房

방 안을 차게 하는 일.

냉장실
찰 冷 감출 藏 집 室

식품 따위를 낮은 온도에서 저장하는 곳.

냉해
찰 冷 해칠 害

농작물이 차가운 날씨에 의해 입는 피해.

| 노골적 | 이슬 露 뼈 骨 과녁 的 | | 있는 그대로를 숨기지 않고 드러내는 것. |

노골적
이슬 露 뼈 骨 과녁 的
있는 그대로를 숨기지 않고 드러내는 것.

노기
성낼 怒 기운 氣
성이 난 얼굴빛이나 감정.

노독
길 路 독 毒
여행에서 시달려 생긴 피로나 병.

노동 운동
일할 勞 움직일 動 돌 運 움직일 動
노동자가 자신들의 근로 개선과 이익을 지키기 위하여 사용자를 상대로 벌이는 조직적인 운동.

노동자
일할 勞 움직일 動 사람 者
육체노동을 해서, 그 임금으로 살아가는 사람.

노동 조합
일할 勞 움직일 動 짤 組 합할 合
노동자가 노동 조건의 유지·개선 및 사회적 지위의 확립과 향상을 목적으로 하여 조직하는 단체 또는 그 연합체.

노력
일할 勞 힘 力
힘들여 일함.

노모
늙을 老 어미 母
늙은 어머니.

노무자
일할 勞 일 務 사람 者
주로 육체적인 일에 종사하는 사람.

노사
일할 勞 부릴 使
노동자와 사용자. 즉 노동을 제공하는 노동자와 이들의 노동을 바탕으로 회사를 운영하는 경영자를 말함.

노송
늙을 老 소나무 松
<small>국어</small> 늙은 소나무.

노예 무역
종 奴 종 隷 바꿀 貿 바꿀 易
<small>사회</small> 아메리카의 농장, 광산 등에서 일할 노동력이 부족하자 에스파냐와 포르투갈 등이 중심이 되어 아프리카 흑인을 잡아다가 노예로 판 것.

노인
늙을 老 사람 人
<small>국어</small> 나이가 많은 사람.

노출
이슬 露 날 出
<small>국어</small> 밖으로 드러나거나 드러냄.

노파
늙을 老 할미 婆
<small>국어</small> 늙은 여자.

녹색 혁명
푸를 綠 빛 色 가죽 革 목숨 命
<small>사회</small> 다수확 품종을 개발하고 영농 기술을 보급하는 등 식량 부족 문제를 해결하기 위하여 개발 도상국에서 실시하는 농업 정책.

녹음기
기록할 錄 소리 音 그릇 器
<small>기술</small> 녹음하는 기계.

녹읍
복 祿 고을 邑
<small>사회</small> 신라시대 귀족들에게 지급된 토지.

녹화
푸를 綠 될 化
<small>국어</small> 산이나 들에 나무를 심어 푸르게 함.

논설문
말할 論 말씀 說 글월 文
<small>국어</small> 논설 형식으로 쓴 글.

논평	
말할 論 평론할 評	어떤 사실이나 글 따위에 대하여 논하여 비평함.

농도	
짙을 濃 법도 度	액체 따위의 짙은 정도. 일정량의 액체나 기체 속에 있는 그 성분의 비율.

농약	
농사 農 약 藥	농업에서, 소독하거나 병충해를 죽이는 데 쓰는 약품.

농업	
농사 農 업 業	땅을 이용하여 유용한 식물을 재배하거나 유용한 동물을 기르는 산업.

뇌물	
뇌물줄 賂 만물 物	사람을 매수하여 법을 어기고 자기를 이롭게 해 달라고 주는 돈이나 물건.

누적 도수	
묶을 累 쌓을 積 법도 度 셈할 數	이전의 도수를 쌓아서 더한 도수.

늑골	
갈빗대 肋 뼈 骨	갈빗대. 가슴을 둘러싸고 폐와 심장을 보호하는 뼈.

능동적	
능할 能 움직일 動 과녁 的	다른 것의 작용을 받지 않고 자발적으로 활동하는 것.

능선	
모서리 稜 줄 線	산등성이를 따라 죽 이어진 봉우리의 선.

ㄷ

다각형 많을 多 뿔 角 모양 形	셋 이상의 선분으로 둘러싸인 평면 도형.

다당류 많을 多 사탕 糖 무리 類	여러 개의 당이 결합하여 구성된 탄수화물.

다도해 많을 多 섬 島 바다 海	섬이 많은 바다.

다면체 많을 多 얼굴 面 몸 體	여러 개의 면으로 둘러싸인 입체 도형.

다수결 많을 多 셈할 數 결정할 決	회의 등을 통해 집단의 의사를 결정할 때 집단 구성원 중 많은 수의 사람들이 찬성하는 의견에 따라 결정하는 일.

다습 많을 多 축축할 濕	공기 중에 수증기가 많이 포함된 상태.

다의어 많을 多 옳을 義 말씀 語	두 가지 이상의 뜻을 가진 단어.

다항식 많을 多 목 項 법 式	하나 또는 두 개 이상의 항의 합으로 이루어진 식.

단구 구분 段 언덕 丘	각진 부분이 언덕처럼 솟은 계단 모양의 지형.

47

단당류 홀 單 사탕 糖 무리 類	<small>과학</small>	하나의 당으로 구성된 탄수화물.
단락 구분 段 떨어질 落	<small>국어</small>	하나의 소주제의 서술이 완결되는 문장의 형식.
단말마 끊을 斷 끝 末 마귀 魔	<small>국어</small>	사람이 숨이 끊어질 때 고통스럽게 지르는 비명.
단방약 홀 單 모 方 약 藥	<small>국어</small>	단 한 가지만으로써 병을 고치는 약.
단소 짧을 短 통소 簫	<small>음악</small>	향악기(鄕樂器)에 속하는 피리의 한 가지.
단속 둥글 團 묶을 束	<small>국어</small>	규칙 · 명령 · 법령 등을 잘 지키도록 통제함.
단어 홀 單 말씀 語	<small>국어</small>	문장에서 홀로 쓰일 수 있는 최소의 단위.
단일어 홀 單 한 一 말씀 語	<small>국어</small>	단어가 형성될 때 하나의 실질 형태소로 된 말.
단절 끊을 斷 끊을 絕	<small>국어</small>	관계를 끊음.
단조 불릴 鍛 지을 造	<small>기술</small>	금속을 불에 달구어 불려서 일정한 형체로 만드는 일.

단층 끊을 斷 층 層 (과학)	지구 내부의 움직이는 힘의 영향을 받아 지층이 아래위로 층을 이룬 현상.
달변 이를 達 말잘할 辯 (국어)	썩 능란한 말.
담임 멜 擔 맡길 任 (국어)	어떤 일을 책임지고 맡아 봄. 또는 맡아보는 사람.
담채화 묽을 淡 채색 彩 그림 畵 (미술)	여린 색깔이나 물을 많이 써서 투명하게 그린 그림.
담합 말씀 談 합할 合 (사회)	어떤 일정한 시장에서 경쟁 관계에 있는 여러 기업들이 경쟁을 피하기 위하여 미리 의논하여 가격이나 품질의 수준을 정하는 것.
답사 밟을 踏 조사할 査 (국어)	현장에 실제로 가서 보고 듣고 조사함.
당간 기 幢 장대 竿 (국어)	당을 달아 세우는 쇠·돌·나무 등의 대.
당류 사탕 糖 무리 類 (가정)	액체에 녹으며 단맛이 있는 탄수화물.
당면 마땅할 當 얼굴 面 (국어)	일이 바로 눈앞에 닥침.
당번 마땅할 當 차례 番 (국어)	돌아오는 차례에 당함, 또는 그 사람.

ㄷ

49

당부 마땅할 當 줄 付	말로써 어찌하라고 단단히 부탁함. 또는 그 부탁.
당산 집 堂 뫼 山	토지나 부락의 수호신이 있다는 산이나 언덕.
대각 대답할 對 뿔 角	마주 보고 있는 각.
대각선 대답할 對 뿔 角 줄 線	마주 보는 각을 이은 선분.
대기권 큰 大 기운 氣 우리 圈	지구 둘레를 싸고 있는 대기의 영역.
대답 대답할 對 대답 答	물음에 대하여 자기의 뜻을 나타냄.
대동단결 큰 大 한가지 同 둥글 圈 맺을 結	나뉘었던 단체나 당파가 어떤 목적을 이루려고 함께 뭉치어 한 덩어리가 됨.
대동법 큰 大 한가지 同 법 法	조선 중엽에 현물로 바치던 공물(貢物)을 미곡으로 환산하여 바치게 하던 법.
대두 들 擡 머리 頭	어떤 현상이 일어나거나 고개를 듦.
대류권 대답할 對 흐를 流 우리 圈	지구를 둘러싸고 있는 대기권 가운데서 지표로부터 약 10km까지의 기층.

대륙성 기후	해안에서 멀리 떨어진 대륙 내부에서 나타나는
큰 大 뭍 陸 성품 性 기운 氣 물을 候	기후로, 큰 대륙에서 뚜렷하며 기온의 일교차와 연교차가 큼.

대면	얼굴을 마주 보고 대함.
대답할 對 얼굴 面	

대명사	사람이나 사물의 이름을 대신 나타내는 말. 또는
대신할 代 이름 名 말씀 詞	그런 말들을 가리키는 품사.

대변	어떤 기관이나 개인을 대신하여 의견이나 태도를
대신할 代 말잘할 辯	책임지고 말함.

대변	마주 보고 있는 변.
대답할 對 가 邊	

대사	생물이 물질을 섭취하고 필요하지 않은 생성물을
대신할 代 사례할 謝	몸 밖으로 배출시키는 작용.

대안	바다나 호수·강 등의 건너편에 있는 언덕이나
대답할 對 언덕 岸	기슭. 또는 그 쪽.

대열	질서 있게 늘어선 행렬.
대 隊 벌일 列	

대원군	임금의 대를 이를 적자손이 없어, 왕족 중에서
큰 大 집 院 임금 君	왕위를 이어받을 때 그 임금의 친아버지에게 봉하던 작위.

대입	문자를 대신하여 수를 넣는 것.
대신할 代 들 入	

대장인 큰 大 장수 將 도장 印	대장임을 나타내기 위해 차고 다니던 조각물.
대지 큰 大 땅 地	대자연 속의 넓고 큰 땅.
대청 큰 大 관청 廳	집 안의 가운데에 있는 넓은 마루.
대체재 대신할 代 바꿀 替 재물 財	서로 대신 쓸 수 있는 관계에 놓인 두 가지 물건.
대폭적 큰 大 폭 幅 과녁 的	수나 양·금액 따위에 차이가 매우 큰 것.
대화 대답할 對 말할 話	서로 마주 대하여 이야기 함.
덕담 덕 德 말씀 談	잘 되기를 비는 말.
덕목 덕 德 눈 目	충(忠)·효(孝)·인(仁)·의(義) 등 덕을 분류하는 명목.
덕분 덕 德 나눌 分	고마운 일을 베풀어 준 보람.
덕행 덕 德 다닐 行	어질고 너그러운 행실.

52

도굴 훔칠 盜 팔 掘	관리자의 승낙을 받지 않고 무덤을 파거나 광물을 캐내는 일.
도량 법도 度 헤아릴 量	너그러운 마음과 깊은 생각.
도망 달아날 逃 망할 亡	몰래 피하여 달아남. 쫓겨서 달아남.
도면 그림 圖 얼굴 面	토목 · 건축 · 기계 · 토지 · 임야 등의 구조나 설계 등을 제도기를 써서 기하학적으로 그린 그림.
도모 그림 圖 꾀할 謀	어떤 일을 이루기 위하여 수단과 방법을 꾀함.
도서관 그림 圖 글 書 집 館	많은 도서를 모아 두고 일반에게 열람시키는 시설.
도서국 섬 島 섬 嶼 나라 國	크고 작은 섬으로 이루어진 국가.
도수 분포표 법도 度 셈할 數 나눌 分 베 布 겉 表	도수의 분포 상태를 나타낸 표.
도수 분포 다각형 법도 度 셈할 數 나눌 分 베 布 많을 多 뿔 角 모양 形	도수의 분포 상태를 다각형 모양으로 나타낸 그래프.
도약 뛸 跳 뛸 躍	몸을 날려 위로 뛰어 오름.

도외시 법도 度 밖 外 볼 視	국어	가외의 것으로 봄. 안중에 두지 않고 무시함.
도장포 그림 圖 글 章 펼 鋪	국어	도장을 새기는 집.
도착 이를 到 붙을 着	국어	목적한 곳에 다다름.
도체 이끌 導 몸 體	과학	전기 저항이 적어서 전기가 잘 통하는 물질.
도취 질그릇 陶 취할 醉	국어	좋아하거나 즐기는 것에 마음이 쏠려 취하다시피 됨.
독과점 홀로 獨 적을 寡 차지할 占	사회	어떤 상품의 공급을 경쟁자 없이 1개의 사업체가 점유하고 있는 것을 독점이라 하고, 소수의 사업체가 지배하고 있는 것을 과점이라고 함.
독단 홀로 獨 끊을 斷	국어	의논하지 않고 혼자서 결단함.
독립어 홀로 獨 설 立 말씀 語	국어	어떤 문장에 독립해 쓰이는 낱말. 곧 감탄사 · 호격 조사가 붙은 명사 같은 것.
독선 홀로 獨 착할 善	국어	자기만이 잘 되려고 행동하는 일.
독자 읽을 讀 사람 者	국어	책 · 신문 · 잡지 등 출판물을 읽는 사람.

독주곡
홀로 獨 아뢸 奏 굽을 曲

독주를 위하여 지은 곡.

돈독
도타울 敦 도타울 篤

인정이 두터움.

돌연변이
갑자기 突 그러할 然 변할 變 다를 異

어버이 계통에는 없던 새로운 형질이 돌연히 자손이 되는 생물체에 나타나 유전하는 일.

동년배
한가지 同 해 年 무리 輩

나이가 같은 또래의 사람. 같은 연배.

동류항
한가지 同 무리 類 목 項

같은 문자와 같은 차수를 가진 항.

동맹
한가지 同 맹세 盟

어떤 목적을 이루기 위해 상호 동일한 행동을 취할 것을 맹세하여 맺는 약속이나 조직체.

동물
움직일 動 만물 物

스스로 움직이고 감각 기능을 갖춘 생물로 식물과 구분하여 이르는 말.

동물원
움직일 動 만물 物 동산 園

온갖 동물을 모아 기르면서 동물을 연구하며 일반에게 구경시키는 곳.

동방 견문록
동녘 東 모 方 볼 見 들을 聞 기록할 錄

이탈리아의 마르코 폴로가 1271~1295년 까지 동방을 여행한 체험담을 루스티첼로가 기록한 여행기.

동사
움직일 動 말씀 詞

사물의 동작이나 작용 또는 상태를 나타내는 품사.

동생 한가지 同 날 生	국어	자기보다 나이가 적은 형제. 아우나 손아랫누이.
동요 움직일 動 흔들 搖	국어	흔들려 움직임. 또는 움직여 흔들림.
동원 움직일 動 인원 員	국어	어떤 목적을 달성하기 위해 사람이나 물건을 집중시킴.
동위각 한가지 同 자리 位 뿔 角	수학	같은 위치에 있는 각.
동위 원소 한가지 同 자리 位 으뜸 元 흴 素	과학	같은 종류의 원소이지만 질량이 다른 원소.
동음이의어 한가지 同 소리 音 다를 異 옳을 義 말씀 語	국어	소리는 같으나 뜻이 다른 낱말.
동의 한가지 同 뜻 意	국어	같은 뜻이나 의견.
동인지 한가지 同 사람 人 기록할 誌	국어	사상·취미 등이 같은 사람끼리 편집·발간하는 정기 간행물.
동전 구리 銅 돈 錢	국어	구리와 주석의 합금으로 만든 돈.
동지 한가지 同 뜻 志	국어	뜻을 서로 같이하는 일, 또는 그런 사람.

동토대 얼 凍 흙 土 띠 帶	사회	'언 땅'이라는 뜻이며, 연중 기온이 매우 낮기 때문에 땅이 항상 얼어 있으나 여름에는 녹아 이끼와 풀 등이 자람. (툰드라)
동해 얼 凍 해칠 害	국어	농작물 따위가 추위로 인해 생긴 손해나 피해.
동향 움직일 動 향할 向	국어	정세·행동 등이 움직이는 방향.
두음 법칙 머리 頭 소리 音 법 法 법칙 則	국어	단어의 첫머리에 적용되는 발음 규칙.
득달 얻을 得 통달할 達	국어	목적한 곳에 도달함. 목적을 이룸.
등고선 가지런할 等 높을 高 줄 線	사회	지도상 표준 해면에서 같은 높이에 있는 지점들을 연결한 선.
등식 가지런할 等 법 式	수학	등호를 사용하여 같음을 나타낸 식.
등속 운동 가지런할 等 빠를 速 돌 運 움직일 動	과학	속도와 방향이 일정한 물체의 운동. (물체는 외력을 받지 않는 한 언제까지나 그 운동을 계속하며 이것이 운동의 제1법칙임).
등압선 가지런할 等 누를 壓 줄 線	과학	기압이 같은 지점을 연결한 선.
등용 오를 登 쓸 用	사회	사람을 뽑아 씀.

ㄷ

마약 저릴 痲 약 藥	_{과학} 장복(長服)하면 중독 증상을 나타내는 물질의 총칭.
마제 석기 갈 磨 지을 製 돌 石 그릇 器	_{사회} 돌을 갈아서 만든 신석기 시대의 석기. 간석기.
마찰력 갈 摩 비빌 擦 힘 力	_{과학} 마찰에 의해 외력 또는 운동과 반대 방향으로 접촉면에 작용하는 힘.
마취 저릴 痲 취할 取	_{국어} 약물로 얼마 동안 의식이나 감각을 잃고 자극에 반응할 수 없게 함.
막론 없을 莫 말할 論	_{국어} 말할 것도 없음.
만국기 일만 萬 나라 國 깃발 旗	_{국어} 세계 여러 나라의 국기.
만류 당길 挽 머무를 留	_{국어} 권하여 말림. 붙잡아 말림.
만물박사 일만 萬 만물 物 넓을 博 선비 士	_{국어} 여러 방면에 모르는 것이 없이 박식한 사람.
만상 일만 萬 코끼리 象	_{국어} 온갖 사물의 형상.

만유 인력 일만 萬 있을 有 끌 引 힘 力	질량을 가지고 있는 모든 물체가 서로 잡아당기는 힘.
만조 찰 滿 조수 潮	밀물이 꽉 차서 해면의 수위가 가장 높게 된 상태.
만취 저물 晚 비취색 翠	상록수가 늦겨울에도 늘 푸르러 있음. 소나무가 늦게 푸르름.
만행 오랑캐 蠻 다닐 行	야만스러운 행위.
말초 신경 끝 末 나무끝 梢 귀신 神 지날 經	뇌 또는 척수에서 나와 전신에 퍼져 중추 신경계와 피부·근육·감각 기관 등을 연락하는 신경의 총칭.
망각 잊을 忘 물리칠 却	잊어버림.
망루 바랄 望 다락 樓	적의 형편을 살피기 위하여 높게 만들어 세운 대.
망연자실 아득할 茫 그러할 然 스스로 自 잃을 失	넋이 나간 듯이 멍하고 어리둥절함.
망주석 바랄 望 기둥 柱 돌 石	무덤 앞 양쪽에 세우는, 여덟 모가 진 한 쌍의 돌기둥.
망측 그물 罔 잴 測	떳떳한 이치에 어긋나서 어처구니 없거나 볼 모양이 없음.

매관매직 팔 賣 벼슬 官 팔 賣 벼슬 職	돈이나 재물을 받고 벼슬을 시킴.
매몰 묻을 埋 잠길 沒	파묻음, 또는 파묻힘.
매입 살 買 들 入	물건 따위를 사들임.
매주 매양 每 돌 週	주마다. 한 주일마다.
매질 중매 媒 바탕 質	물질이나 파동을 전달하는 물질.
매체 중매 媒 몸 體	어떤 작용을 다른 곳으로 전하는 구실을 하는 물체.
매혹 도깨비 魅 미혹할 惑	남의 마음을 사로잡아 정신을 현혹하게 함.
맥박 맥 脈 잡을 搏	혈액이 동맥으로 퍼져 나갈 때 심장 박동의 결과로 생긴 강한 압력이 동맥의 벽에 전해지는 파동으로, 맥박수와 심장 박동수는 일치함.
맹목적 소경 盲 눈 目 과녁 的	사리를 따지거나 분별함이 없이 무턱대고 하는 것.
면벌부 면할 免 벌줄 罰 부신 符	중세에 로마 카톨릭 교회가 금전이나 재물을 바친 사람에게 그 죄를 면한다는 뜻으로 발행하던 증서.

단어	뜻
멸종 멸망할 滅 씨 種 과학	씨가 없어짐. 한 종류가 모두 없어짐.
명랑 밝을 明 밝을 朗 국어	마음에 걱정이 없이 맑고 밝음.
명사 이름 名 말씀 詞 국어	사물의 이름을 나타내는 품사.
명소 이름 名 장소 所 국어	자연의 경치나 고적 등으로 특히 이름난 곳.
명시적 밝을 明 보일 示 과녁 的 국어	내용이나 뜻을 분명히 드러내 보이는 것.
명의 이름 名 옳을 義 국어	어떠한 일이나 행동의 주체로서 공식적으로 알리는 개인의 이름, 또는 기관의 이름.
명제 목숨 命 제목 題 국어	어떤 문제에 대한 논리적인 판단이나 주장을 언어나 기호로 표시한 것.
명화 이름 名 그림 畵 국어	이름난 그림. 아주 잘 그린 그림.
명확 밝을 明 굳을 確 국어	아주 뚜렷하여 틀림이 없음.
모방 법 模 본뜰 倣 국어	본떠서 함. 흉내를 냄.

ㅁ

61

모방성 법 模 본뜰 倣 성품 性	다른 것을 본뜨거나 본받으려는 성질.
모색 찾을 摸 찾을 索	일이나 사건을 해결할 수 있는 실마리를 더듬어 찾음.
모세 혈관 털 毛 가늘 細 피혈 血 피리 管	털처럼 가는 혈관.
모순 창 矛 방패 盾	말이나 행동의 앞뒤가 서로 맞지 않음.
모신 꾀할 謀 신하 臣	지혜와 꾀가 있는 신하. 모략에 능한 신하.
모음 어미 母 소리 音	성대의 진동을 받은 소리가 입술·코·목구멍의 장애에 의한 마찰을 받지 않고 나오는 유성음.
모음 축약 어미 母 소리 音 다스릴 縮 묶을 約	두 모음이 하나의 모음으로 줄어듦.
모형 법 模 본뜰 型	실물의 모양을 흉내 내어서 똑같이 만든 것.
목공소 나무 木 장인 工 장소 所	목재를 가공하여 가구·창문 등을 만드는 곳.
목관 악기 나무 木 대롱 管 풍류 樂 그릇 器	몸통이 나무로 되고 그 악기 자체에 발음체가 달려있는 관악기.

목불인견 눈 目 아니 不 참을 忍 볼 見	차마 눈뜨고 볼 수 없다는 뜻으로, 몹시 딱하거나 참혹하다는 말.
목비 나무 木 비석 碑	나무에 새기거나 파서 글을 써 만든 비.
목욕 목욕할 沐 목욕할 浴	머리를 감으며 몸을 씻는 일.
목장 칠 牧 마당 場	소나 말, 또는 양 따위의 가축을 많이 놓아기르는 산이나 들판 같은 곳.
목재 나무 木 재목 材	건축에 쓰이는 나무의 재료.
목적 눈 目 과녁 的	이루려고 하는 목표나 방향.
목적어 눈 目 과녁 的 말씀 語	문장에서 동작의 대상이 되는 사물을 가리키는 말.
목적지 눈 目 과녁 的 땅 地	목표를 삼는 곳. 지목한 곳.
목축업 칠 牧 쌓을 畜 업 業	소·말·양·돼지 등 가축을 다량으로 기르는 사업이나 직업.
목침 나무 木 베개 枕	나무토막으로 만든 베개.

목화 나무 木 꽃 花	국어	아욱과의 한해살이 풀. 씨에 붙은 하얀 솜은 실이나 옷감의 원료로 쓰임.
몰두 잠길 沒 머리 頭	국어	한 가지 일에 오로지 정신을 기울임.
몰상식 잠길 沒 항상 常 알 識	국어	상식이 아주 없음.
몰지각 잠길 沒 알 知 깨달을 覺	국어	지각이 전혀 없음.
몽상 꿈 夢 생각할 想	국어	꿈속에서 생각함.
묘목 싹 苗 나무 木	국어	옮겨심기 위해 가꾼 어린 나무.
묘미 묘할 妙 맛 味	국어	미묘한 정취. 뛰어난 맛.
묘책 묘할 妙 꾀 策	국어	매우 교묘한 꾀.
무고 거짓 誣 알릴 告	국어	없는 일을 거짓으로 꾸며 남을 고발하거나 고소함.
무궁화 없을 無 다할 窮 꽃 花	국어	한국의 국화(國花).

무남독녀 없을 無 사내 男 홀로 獨 계집 女	국어	아들 없는 집안의 외딸.
무대 춤출 舞 돈대 臺	국어	노래 · 춤 · 연극 등을 하기 위하여 높게 만들어 놓은 단.
무력 굳셀 武 힘 力	국어	군사상의 힘. 또는 육체를 사용한 힘.
무력화 없을 無 힘 力 될 化	국어	힘이 없게 됨. 또는 그렇게 함.
무례 없을 無 예절 禮	국어	예의가 없음.
무료 없을 無 귀울 聊	국어	지루하고 심심함.
무릉도원 굳셀 武 언덕 陵 복숭아 桃 근원 源	국어	사람들이 화목하고 행복하게 살 수 있는 이상향.
무리수 없을 無 다스릴 理 셈할 數	수학	실수(實數)이면서 정수 · 분수의 형식으로 나타낼 수 없는 수.
무림산중 우거질 茂 수풀 林 뫼 山 가운데 中	국어	나무가 울창하게 우거진 깊은 산 속.
무성 생식 없을 無 성품 性 날 生 번성할 殖	과학	암 · 수 생식 세포의 결합 없이 새로운 개체를 만드는 방법.

무용담 굳셀 武 날랠 勇 말씀 談	싸움에서 용감하게 활약하여 무공을 세운 이야기.
무지 없을 無 알 知	아는 것이 없음. 지식이 없음.
무한 소수 없을 無 한계 限 작을 小 셈할 數	한계가 없는 소수.
무형 문화재 없을 無 모양 形 글월 文 될 化 재물 財	무형의 문화적인 소산으로 역사적이나 예술적으로 가치가 있는 것.
묵과 잠잠할 默 지날 過	잘못을 알고도 말없이 모르는 체하고 지나침.
묵도 잠잠할 默 빌 禱	소리를 내지 않고 마음속으로 기도함. 또는 그 기도.
묵묵부답 잠잠할 默 잠잠할 默 아닐 不 대답 答	잠자코 대답이 없음.
문단 글월 文 구분 段	문장의 단락.
문란 어지러울 紊 어지러울 亂	도덕이나 질서가 어지러움.
문맥 글월 文 맥 脈	문장의 서로 연관성 있는 전후 관계. 글의 맥락 (脈絡).

66

문맹률 글월 文 소경 盲 비율 率	_{사회} 글을 읽지 못하는 사람의 비율.
문명 글월 文 밝을 明	_{국어} 사람의 지혜가 깨서 자연을 정복하여 사회가 정신적 · 물질적으로 진화된 상태.
문법 글월 文 법 法	_{국어} 문장의 작법 및 구성법.
문인화 글월 文 사람 人 그림 畫	_{미술} 직업적인 화가가 아닌 문인이 여기(餘技)로 그리는 그림.
문자 글월 文 글자 字	_{국어} 말이나 소리를 눈으로 볼 수 있도록 적어 나타낸 기호.
문자 언어 글월 文 글자 字 말씀 言 말씀 語	_{국어} 글자로 쓴 말. 읽고 쓰게 되어 있는 말로서 소리 · 뜻 · 글자의 3요소로 구성됨.
문장 글월 文 글 章	_{국어} 어떤 생각이나 느낌을 줄거리를 세워 글로 나타낸 것.
문체 글월 文 몸 體	_{국어} 글의 체재. 작자의 사상이나 개성이 문장의 어구나 조사(措辭) 등에 나타나 있는 전체의 특색.
문풍지 문 門 바람 風 종이 紙	_{국어} 문틈으로 들어오는 바람을 막기 위해 문짝 가에 붙인 종이.
문학 작품 글월 文 배울 學 지을 作 물건 品	_{국어} 문학에 속하는 예술 작품(시 · 소설 · 희곡 따위).

문항 물을 問 목 項	_{국어} 문제의 항목.
문호 문 門 집 戶	_{국어} 출입구가 되는 중요한 곳.
문화재 글월 文 될 化 재물 財	_{국어} 문화적 가치를 지니고 있는 역사적인 유물.
물건 만물 物 사건 件	_{국어} 일정한 모양이 있는 모든 것.
물고 만물 物 옛 故	_{국어} 옛날, 죄 지은 사람이 죽음. 또는 그 사람을 죽임.
물질대사 만물 物 바탕 質 대신할 代 사례할 謝	_{과학} 생물이 영양 물질을 섭취하고 필요하지 않은 생성물을 몸 밖으로, 배출시키는 작용.
물체 만물 物 몸 體	_{과학} 물질이 모여서 일정한 모양을 이루고 있는 것.
미각 맛 味 깨달을 覺	_{과학} 음식의 맛을 느끼는 감각.
미각적 맛 味 깨달을 覺 과녁 的	_{국어} 혀를 통해 맛을 보는 듯한 느낌.
미간 눈썹 眉 사이 間	_{국어} 두 눈썹 사이.

미결수 아닐 未 결단할 決 가둘 囚	국어	피의자 또는 형사 피고인으로서, 구속 영장에 의하여 구금되어 있는 사람.

미동 나사 작을 微 움직일 動 소라 螺 실 絲	과학	조동 나사로 대강의 상을 찾은 후, 미세하게 움직여서 정확한 초점을 맞추는 나사.

미뢰 맛 味 꽃봉오리 蕾	과학	혀에 분포되어 있는 세포의 모임.

미망인 아닐 未 망할 亡 사람 人	국어	아직 죽지 못한 사람이란 뜻으로, 남편을 여읜 과부가 자기를 가리키는 겸손의 말.

미명 아름다울 美 이름 名	국어	그럴듯한 명목이나 명분. 훌륭하게 내세운 이름.

미세 작을 微 가늘 細	국어	분간하기 어려울 정도로 아주 작음.

미숙 아닐 未 익을 熟	국어	일에 익숙하지 못함.

미숙아 아닐 未 익을 熟 아이 兒	국어	어머니의 뱃속에서 달을 덜 채우고 태어난 아이.

미술 아름다울 美 재주 術	미술	그림 · 건축 · 조각 등을 통틀어 이르는 말.

미지 아닐 未 알 知	국어	아직 모름. 아직 알려지지 않음.

미진 작을 微 티끌 塵	국어	아주 작은 티끌이나 먼지.
미천 작을 微 천할 賤	국어	신분·지위 등이 보잘것없고 천함.
민담 백성 民 이야기 譚	국어	예로부터 민간에 구전(口傳)해 내려오는 이야기.
민요 백성 民 노래 謠	음악	민중 속에서 자연적으로 생겨나 오랫동안 전해 내려온 노래의 총칭.
민족주의 백성 民 겨레 族 주인 主 옳을 義	사회	민족의 독립이나 통일, 또는 우월성을 내세우는 사상이나 운동.
민중 백성 民 무리 衆	국어	국가나 사회를 구성하고 있는 다수의 일반 국민.
민첩 민첩할 敏 이길 捷	국어	재빠르고 날램.
민첩성 민첩할 敏 이길 捷 성품 性	국어	활동하는 힘이 능란하고 재빠른 성질.
민화 백성 民 그림 畵	미술	민간 전설이나 민속·서민 생활을 소재로 하여 그린 그림.
밀림 빽빽할 密 수풀 林	사회	큰 나무들이 빽빽하게 들어선 깊은 숲.

70

| 밀수출 | 사회 | 법을 어기고 몰래하는 수출. |
| 빽빽할 密 나를 輸 날 出 | | |

| 밀원 | 국어 | 벌이 꿀을 빨아 오는 원천. |
| 꿀 蜜 근원 源 | | |

| 밀집 | 국어 | 빈틈없이 빽빽이 모임. |
| 빽빽할 密 모일 集 | | |

□

박물관
넓을 博 만물 物 집 館

<국어> 옛날의 유물이나 예술품 · 자연물 · 학술 자료를 모아 진열한 곳.

박자
칠 拍 아들 子

<음악> 곡조의 진행하는 시간을 헤아리는 단위.

박제
벗길 剝 지을 製

<국어> 새 · 짐승의 가죽을 벗기고 속을 솜 따위로 채워서 표본을 만드는 일.

박탈
벗길 剝 빼앗을 奪

<국어> 재물이나 권리 따위를 강제로 빼앗음.

박하
엷을 薄 연 荷

<국어> 꿀풀과에 속하는 다년초.

박해
닥칠 迫 해칠 害

<사회> 못 견디게 굴어서 해롭게 함.

반도
반 半 섬 島

<사회> 세 면이 바다에 싸이고 한 면은 육지에 이어진 땅.

반도체
반 半 이끌 導 몸 體

<과학> 전기를 전하는 성질이 양도체와 절연체의 중간 정도 되는 물질.

반론
되돌릴 反 말할 論

<국어> 남의 비난에 대하여 되받아 하는 의론.

반문 되돌릴 反 물을 問	국어	물음에 대답하지 않고 되받아서 물음.
반비례 되돌릴 反 견줄 比 법식 例	수학	두 양(量)이 서로 관계하면서 변화하여 한쪽이 2배, 3배…로 증가함에 따라 다른 쪽은 1/2, 1/3…로 감소하는 관계.
반사 되돌릴 反 쏠 射	과학	빛이나 소리가 다른 물체의 표면에 부딪쳐 되돌아오는 현상.
반세기 반 半 인간 世 벼리 紀	국어	일 세기의 절반. 곧, 50년.
반역죄 되돌릴 反 거스를 逆 허물 罪	국어	반역 행위를 함으로써 성립되는 죄.
반영 되돌릴 反 비출 映	국어	다른 일에 영향을 미쳐 어떤 현상이나 작용이 나타남.
반입 옮길 搬 들 入	국어	물건을 실어들이거나, 다른 데서 운반하여 들임.
반정 되돌릴 反 바를 正	사회	옳지 못한 임금을 폐하고 새 임금을 세워 나라를 바로잡는 일.
발광 쏠 發 빛 光	과학	스스로 빛을 냄.
발명품 쏠 發 밝을 明 물건 品	기술	새로 발명하여 낸 품종.

ㅂ

발상지 쏠 發 상서로울 祥 땅 地	사회	큰 사업이나 문화가 처음으로 일어난 땅.
발성 쏠 發 소리 聲	음악	소리를 냄. 또는 그 소리.
발아 쏠 發 싹 芽	과학	풀이나 나무에서 싹이 틈.
발악 쏠 發 악할 惡	국어	사리를 가리지 않고 덮어놓고 악을 씀.
발열체 쏠 發 더울 熱 몸 體	기술	열을 내는 물체.
발원 쏠 發 원할 願	국어	어떤 것을 바라고 원하는 생각을 냄. 소원을 빎.
발원지 쏠 發 근원 源 땅 地	사회	강물의 근원이 비롯된 곳.
발음 쏠 發 소리 音	국어	발음 기관을 통해 말소리를 냄.
발작 쏠 發 지을 作	국어	어떤 증상이나 격한 감정 따위가 갑자기 일어남.
발화 쏠 發 말할 話	국어	소리를 내어 말을 하는 행위.

발효 빚을 醱 발효 酵	국어 효모 · 박테리아 같은 미생물에 의해서 유기물이 분해 되는 작용.
발휘 쏠 發 휘두를 揮	국어 떨치어 나타냄. 실력 따위를 외부에 드러냄.
방과후 놓을 放 매길 課 뒤 後	국어 그 날의 수업을 끝낸 다음.
방목 놓을 放 칠 牧	사회 가축을 우리에 가두지 않고 놓아서 기름.
방법 모 方 법 法	국어 어떤 목적을 이루기 위하여 하는 수단.
방송국 놓을 放 보낼 送 판 局	국어 일정한 시설을 갖추어 방송을 하는 기관. 라디오 방송국과 텔레비전 방송국이 있음.
방수로 놓을 放 물 水 길 路	사회 홍수를 막거나, 수력 발전소에서 이용한 물을 하천 으로 흘려보내기 위하여 인공적으로 설정한 수로.
방식 모 方 법 式	국어 일정한 형식이나 또는 절차.
방안 모 方 책상 案	국어 일을 처리할 방법이나 계획.
방언 모 方 말씀 言	국어 한 나라의 언어 중에서 지역에 따라 표준어와 서 로 다른 언어 체계를 가진 말. 사투리.

ㅂ

단어	과목	뜻
방위 모 方 자리 位	사회	지도에서 동서남북 방향을 나타냄.
방자 놓을 放 방자할 恣	국어	꺼리거나 삼가는 태도가 보이지 않고 교만스러움.
방적기 자을 紡 길쌈 績 기계 機	사회	솜·고치·털 또는 기타의 섬유로 실을 뽑아내는 기계.
방전 놓을 放 번개 電	기술	축전지·축전기에 저장된 전기를 방출하는 현상.
방정식 모 方 단위 程 법 式	수학	미지수를 품은 등식이 그 미지수에 어떠한 특정한 값을 줄 때에만 성립되는 등식.
방직 자을 紡 짤 織	사회	실을 날아서 피륙을 짬.
방추사 자을 紡 저울 錘 실 絲	과학	염색체의 중앙부분에 부착되어 염색체를 양극으로 끌고 이동하는 실 모양의 섬유 다발.
방치 놓을 放 둘 置	국어	그대로 버려 둠.
방풍림 막을 防 바람 風 수풀 林	사회	풍해를 막기 위해 가꾼 숲.
방학 놓을 放 배울 學	국어	학교에서 학기가 끝난 뒤, 얼마 동안 수업을 쉬는 일.

| 배격
물리칠 排 칠 擊 | 남의 의견·사상·행위·풍조 따위를 물리침. |

| 배경
등 背 별 景 | 뒤쪽의 경치. |

| 배경 음악
등 背 별 景 소리 音 풍류 樂 | 영화·연극·방송 등에서, 그 장면의 분위기를 조성하기 위해 연주하는 음악. |

| 배란
밀칠 排 알 卵 | 난소에서 성숙한 난자가 배출되는 현상. |

ㅂ

| 배분
나눌 配 나눌 分 | 각자의 몫으로 나누는 것. |

| 배선도
나눌 配 줄 線 그림 圖 | 전기의 회로를 이루는 요소를 간단히 기호로 표시하고, 이것을 선으로 접속한 그림. |

| 배양
북돋을 培 기를 養 | 식물을 북돋아 기름. |

| 배열
밀칠 排 벌릴 列 | 일정한 차례나 간격으로 벌려 늘어놓음. |

| 배외
밀칠 排 밖 外 | 외국의 문물·사상 등을 배척하는 것. |

| 배우
광대 俳 넉넉할 優 | 연극·영화 따위에서 연기를 하는 사람. |

배율 곱 倍 비율 率	<small>과학</small>	실제 물체와 보이는 상과의 크기의 비율.
백과 사전 일백 百 과정 科 일 事 법 典	<small>국어</small>	학문·예술을 비롯한 모든 분야에 걸친 사항을 사전 형식으로 분류·배열하여 해설해 놓은 책.
백관 일백 百 벼슬 官	<small>국어</small>	모든 벼슬아치.
백년대계 일백 百 해 年 큰 大 셈할 計	<small>국어</small>	먼 앞날을 내다보고 세우는 원대한 계획을 이르는 말.
백발 흰 白 터럭 髮	<small>국어</small>	하얗게 센 머리털.
백발백중 일백 百 쏠 發 일백 百 가운데 中	<small>국어</small>	총·활 등이 겨눈 곳에 꼭꼭 맞음. 계획이나 예상 따위가 꼭꼭 들어맞음.
백방 일백 百 모 方	<small>국어</small>	여러 가지 방법.
백야 흰 白 밤 夜	<small>사회</small>	박명이 계속되는 극히 짧은 밤. 또는 그러한 현상.
백열등 흰 白 더울 熱 등잔 燈	<small>기술</small>	백열 가스등이나 백열 전기 등 따위를 통틀어 이르는 말.
백엽상 일백 百 잎 葉 상자 箱	<small>과학</small>	공기의 온도·습도·기압 등을 측량하기 위하여 자동 기록 관측기를 넣어 두는 상자.

백일장 흰白 날日 마당場	국어	시나 글짓기를 겨루는 공개 행사.
백자 흰白 사기그릇 瓷	사회	흰 빛깔로 된 도자기. 조선 시대에 유행한 자기로 소박한 점이 특징.
범람 넘칠氾 넘칠濫	사회	물이 넘쳐흐름.
법정 법法 조정廷	국어	법원이 소송 절차에 따라 송사를 심리하고 판결하는 곳.
벽두 쪼갤劈 머리頭	국어	글제의 뜻을 풀이한 글의 첫머리.
벽보 벽壁 알릴報	사회	벽에 붙이어 여러 사람에게 알리는 글.
벽장문 벽壁 장롱欌 문門	국어	벽장에 달아 놓은 문.
변량 변할變 헤아릴量	수학	주어진 조건에 따라 변하는 양.
변발 땋을辮 터럭髮	사회	가운데의 머리만을 땋아서 뒤로 길게 늘이던 머리.
변성암 변할變 이룰成 바위巖	과학	암석이 높은 열이나 압력을 받아 성질이나 배열 상태가 변한 암석.

변온 동물
변할 變 따뜻할 溫 움직일 動 만물 物 _{국어} 외계의 온도에 따라 체온이 변하는 동물.

변이
변할 變 옮길 移 _{국어} 세월이 흐름에 따라 바뀌고 변함. 옮겨서 달라짐.

변재
가 邊 재목 材 _{기술} 통나무의 겉 부분. 빛은 희고 몸은 무르며 질은 거칢.

변주곡
변할 變 아뢸 奏 굽을 曲 _{음악} 하나의 주제를 토대 삼아 선율 · 율동 · 화성 등을 여러 가지로 변화시켜 나가는 기악곡.

변천
변할 變 옮길 遷 _{사회} 세월이 흐름에 따라 바뀌어 변함.

변형
변할 變 모양 形 _{국어} 형태를 바꿈. 또는 바뀐 모양.

변화무쌍
변할 變 될 化 없을 無 쌍 雙 _{국어} 변화가 많거나 심하여 종잡을 수 없음.

병법
군사 兵 법 法 _{국어} 군사를 부려서 전쟁을 수행하는 방법과 군사에 관한 모든 법칙.

병자
병들 病 사람 者 _{국어} 병을 앓고 있는 사람.

병합
아우를 併 합할 合 _{국어} 둘 이상의 국가나 기관 등을 하나로 합치는 것.

| 보고
보배 寶 창고 庫 | 국어 | 귀중한 재화를 넣어 두는 창고. |

| 보고문
알릴 報 알릴 告 글월 文 | 국어 | 보고하는 내용을 적은 글. |

| 보국안민
도울 輔 나라 國 편안할 安 백성 民 | 사회 | 나라 일을 돕고 백성을 편안하게 함. |

| 보급
넓을 普 미칠 及 | 국어 | 널리 펴서 알리거나 사용하게 함. |

| 보도
알릴 報 길 道 | 국어 | 대중 매체를 통하여 새로운 소식을 널리 알림. |

| 보물
보배 寶 만물 物 | 국어 | 금·은·옥과 같은 썩 드물고 귀한 물건. |

| 보석
지킬 保 풀 釋 | 국어 | 일정한 보증금을 받고 형사 피고인을 구류에서 풀어 주는 일. |

| 보수성
지킬 保 지킬 守 성품 性 | 국어 | 새로운 것을 반대하며 이전 것을 보존하려는 경향. |

| 보안등
지킬 保 편안할 安 등잔 燈 | 국어 | 사회의 안녕 질서를 지키기 위해 어두운 곳에 달아 놓은 전등. |

| 보어
기울 補 말씀 語 | 국어 | 주어와 서술어만으로는 뜻이 완전하지 못한 문장에서, 그 불완전한 곳을 보충하는 성분. |

보완재 기울 補 완전할 完 재물 財	사회 한 상품씩 따로따로 소비할 때보다 함께 소비할 때 더 큰 만족을 얻는 재화.
보은 갚을 報 은혜 恩	국어 은혜를 갚음.
보조 기울 補 도울 助	국어 모자라는 것을 보충하여 도와줌.
보증 지킬 保 증거 證	국어 어떤 사물에 대하여 그 성과나 결과 등을 미리 확정하여 책임짐.
보초병 걸음 步 망볼 哨 군사 兵	국어 위병 근무와 경계 근무 등을 맡은 병사.
보통 선거 넓을 普 통할 通 가릴 選 들 舉	사회 재산 · 신분 · 성별 · 교육 정도 등에 제한을 두지 않고, 성년이 되면 누구에게나 평등한 선거권이 주어지는 선거 원칙.
보표 계보 譜 겉 表	음악 음표 · 쉼표 등을 표시하기 위하여 가로로 그은 평행선. 흔히 오선을 쓰므로 '오선 보표' 라고도 함.
보호국 지킬 保 보호할 護 나라 國	사회 대내외적으로 완전한 주권을 가지지 못하고, 다른 나라에 의하여 안전 보장을 받고 있는 불완전 독립국.
보호 무역 지킬 保 보호할 護 바꿀 貿 바꿀 易	사회 자기 나라의 산업을 보호하기 위하여 국가가 외국과의 무역을 간섭하고 수입에 여러 가지 제한을 두는 무역 정책.
복고 돌아올 復 옛 古	국어 과거의 제도 · 사상 · 정치 · 체재 따위로 돌아감.

복수 정당제 겹칠 複 셈할 數 정사 政 무리 黨 마를 制	사회	정당이 여러 개 있는 정당 제도로, 모든 민주 국가에서 채택하고 있음.
복위 돌아올 復 자리 位	사회	물러났던 왕이나 왕비가 다시 그 자리에 오르는 것.
복합어 겹칠 複 합할 合 말씀 語	국어	두 개 이상의 형태소가 모여서 따로 한 단어를 이룬 말.
본관 근본 本 꿸 貫	국어	한 집안의 시조가 난 땅.
본문 근본 本 글월 文	국어	전체 글의 본 줄거리가 되는 부분.
봉기 벌 蜂 일어날 起	사회	벌떼처럼 많은 사람이 한꺼번에 들고 일어남.
봉분 봉할 封 봉분 墳	국어	흙을 둥글게 쌓아 무덤을 만듦.
봉양 받들 捧 기를 養	국어	부모나 조부모를 받들어 모시는 것.
부결 아닐 否 결단할 決	국어	회의에 제출된 의안을 성립시키지 않기로 결정함.
부국 강병 부자 富 나라 國 굳셀 强 군사 兵	국어	나라의 재산을 늘리고 군대를 강하게 기른다는 말.

ㅂ

83

| 부귀
부자 富 귀할 貴 | <small>국어</small> | 재산이 많고 사회적 지위가 높음. |

| 부농
부자 富 농사 農 | <small>국어</small> | 많은 경작지를 가진 농업 경영자. |

| 부대시설
붙을 附 띠 帶 베풀 施 베풀 設 | <small>국어</small> | 기본이 되는 건축물 따위에 덧붙이는 시설. |

| 부도체
아닐 不 이끌 導 몸 體 | <small>과학</small> | 전기 저항이 커서 전기가 잘 통하지 않는 물질. |

| 부동액
아닐 不 얼 凍 진 液 | <small>과학</small> | 자동차 엔진 냉각수에 첨가하는 동결 방지 액. |

| 부두
선창 埠 머리 頭 | <small>국어</small> | 항구에서, 배를 대고 여객이 타고 내리거나 짐을 싣고 부리는 곳. |

| 부득불
아닐 不 얻을 得 아니 不 | <small>국어</small> | 아니할 수 없어. 마지못해 결국이라는 말. |

| 부등식
아닐 不 가지런할 等 법 式 | <small>수학</small> | 두 수나 두 식을 부등으로 연결한 관계식. |

| 부모
아비 父 어미 母 | <small>국어</small> | 아버지와 어머니. |

| 부사
버금 副 말씀 詞 | <small>국어</small> | 품사의 하나. 용언 또는 다른 부사의 앞에 놓여서 그 뜻을 한정함. |

부사어 버금 副 말씀 詞 말씀 語	문장에서 부사 구실을 하게 된 단어나 관용어.
부속 성분 붙을 附 이을 屬 이룰 成 나눌 分	문장에서 딴 부분을 수식 · 한정하는 성분.
부식 버금 副 밥 食	주식에 곁들여 먹는 음식.
부업 버금 副 업 業	본업 외에 갖는 직업.
부응 버금 副 응할 應	무엇에 좇아서 응함.
부자 부자 富 사람 者	살림이 넉넉한 사람. 재산이 많은 사람.
부재 아닐 不 있을 在	그곳에 있지 않음.
부제 버금 副 표제 題	책이나 논문 · 문예 작품 등의 주장되는 제목에 덧붙이는 제목.
부지 펼 敷 땅 地	건물을 세우거나 시설을 하기 위해 마련한 땅.
부품 거느릴 部 물건 品	기계의 어떤 부분에 쓰이는 물품.

ㅂ

85

| 부하
질 負 연 荷 | 기술 | 원동기에서 생기는 에너지를 소비하는 것. |

부하
질 負 연 荷
기술 원동기에서 생기는 에너지를 소비하는 것.

부호
부신 符 부르짖을 號
국어 어떤 뜻을 나타내는 기호.

북두칠성
북녘 北 말 斗 일곱 七 별 星
국어 큰곰자리에서 가장 뚜렷하게 보이는 국자 모양의 일곱 별.

분개
분할 憤 분개할 慨
국어 몹시 화를 냄.

분기점
나눌 分 갈림길 岐 점 點
국어 사물의 속성 따위가 바뀌어 갈라지는 지점이나 시기.

분모
나눌 分 어미 母
수학 분수 또는 분수식의 가로줄 밑에 적은 수나 식.

분별
나눌 分 나눌 別
과학 가려서 알아 냄.

분비
나눌 分 샘 泌
국어 샘세포의 작용에 의해 특수한 액즙(液汁)을 만들어 배출함. 또는 그런 기능.

분산
달릴 奔 흩을 散
국어 달아나 뿔뿔이 흩어짐.

분수
나눌 分 셈할 數
국어 제 몸에 알맞은 한도.

86

분수 뿜을 噴 물 水	국어	물을 뿜어내는 설비, 또는 그 물.
분압 나눌 分 누를 壓	과학	여러 기체가 섞여 있을 때 어느 특정 기체가 가지는 압력.
분업 나눌 分 업 業	사회	생산 과정을 세분화하여 여러 사람이 나누어 맡아 생산하는 것.
분자 나눌 分 아들 子	과학	물질의 기본적 성질을 잃지 않고 나눌 수 있는 그 물질의 가장 작은 입자.
분주 달릴 奔 달릴 走	국어	몹시 바쁘게 뛰어다님.
분지 동이 盆 땅 地	사회	산지나 대지로 둘러싸인 평평한 땅.
분포 나눌 分 베 布	국어	여러 곳으로 퍼져 있음.
불가 부처 佛 집 家	국어	불교를 믿는 사람.
불사약 아니 不 죽을 死 약 藥	국어	선경(仙境)에 있다고 하는 영약. 사람이 먹으면 오래 산다고 함.
불임증 이니 不 아이밸 妊 증세 症	과학	생식 능력이 떨어져 임신이 안 됨.

ㅂ

불청객 아니 不 청할 請 손님 客	_{국어} 청하지 않았는데 온 손님.
불치 아니 不 다스릴 治	_{국어} 병이 잘 낫지 아니하여 고칠 수 없음.
붕당 벗 朋 무리 黨	_{사회} 뜻이 같은 사람끼리 모인 단체.
비감 슬플 悲 느낄 感	_{국어} 마음이 언짢고 슬픔.
비교 견줄 比 비교할 較	_{국어} 둘 이상의 것을 서로 견주어 봄.
비극 슬플 悲 연극 劇	_{국어} 슬프고 끔찍한 일.
비례 견줄 比 법식 例	_{수학} 두 양(量)의 비(比)가 다른 두 양의 비와 같은 일. 또는 그 관계에 있는 양을 다루는 산법(算法).
비만 살찔 肥 찰 滿	_{가정} 살이 쪄서 몸이 뚱뚱함.
비몽사몽 아닐 非 꿈 夢 같을 似 꿈 夢	_{국어} 꿈속 같기도 하고 생시 같기도 한 어렴풋한 상태.
비방 비방할 誹 비방할 謗	_{사회} 남을 헐뜯어 욕함.

비색 물총새 翡 빛 色	국어	고려청자의 빛깔과 같은 푸른 빛깔.
비약 날 飛 뛸 躍	국어	높이 뛰어오름.
비용 소비할 費 쓸 用	사회	물건을 사거나 어떤 일을 하는 데 드는 돈.
비유 비유할 譬 깨우칠 喩	국어	사물을 직접 설명하지 않고 그와 비슷한 다른 사물을 빌려 표현하는 일.
비중 견줄 比 무거울 重	기술	다른 사물과 비교할 때 중요성의 정도.
비철 금속 아닐 非 쇠 鐵 쇠 金 이을 屬	기술	철 이외의 금속의 총칭. 일반적으로 금 · 은 · 구리 · 아연 · 텅스텐 따위를 일컬음.
비통 슬플 悲 아플 痛	국어	슬픔이 너무 커서 마음이 아픔.
빈곤 가난할 貧 괴로울 困	국어	가난해서 살림이 군색함.
빈약 가난할 貧 약할 弱	국어	가난하고 약함.
빙식곡 얼음 氷 좀먹을 蝕 골 谷	사회	빙하에 의해 침식된 U자 모양의 계곡.

ㅂ

빙퇴석

얼음 氷 언덕 堆 돌 石

빙하에 의해 운반되어 퇴적된 암석.

빙하기

얼음 氷 강 河 기약할 期

지구의 온도가 평균 10℃ 가량 낮아서 육지가 얼음으로 덮여 있던 시대.

빙하호

얼음 氷 강이름 河 호수 湖

빙하가 통과할 때 만들어진 호수.

| **사고**
생각할 思 생각할 考 | 국어 | 생각하고 궁리함. |

| **사고력**
생각할 思 생각할 考 힘 力 | 국어 | 사고하는 능력. 생각하는 힘. |

| **사구**
모래 砂 언덕 丘 | 과학 | 바람에 날린 모래가 쌓여서 만들어진 언덕. |

| **사군자**
넉 四 임금 君 아들 子 | 미술 | 매화·국화·난초·대나무를 일컫는 말. |

| **사금**
모래 砂 쇠 金 | 과학 | 물가나 물 밑의 모래 또는 자갈 속에 섞인 금 알갱이. 침식작용에 의해 부서진 금이 흐르는 물에 운반되어 가라앉은 것. |

| **사당**
사당 祠 집 堂 | 국어 | 죽은 사람의 신주를 모셔 놓은 집. |

| **사실**
일 事 열매 實 | 국어 | 실제로 있었던 일. 또는 있는 일. |

| **사대부**
선비 士 큰 大 지아비 夫 | 국어 | 문무(文武) 양반의 일반적인 총칭. |

| **사료**
역사 史 헤아릴 料 | 사회 | 역사 기술의 소재가 되는 문헌이나 유물 따위 재료. |

사막화 모래 沙 사막 漠 될 化	사회	사막의 주변 지대에서 벌어지는 개발 사업으로 건조 지대가 사막으로 변함. 또는 그 현상.
사물 넉 四 만물 物	음악	농촌에서 공동으로 쓰이는 네 가지 악기. 즉, 꽹과리 · 징 · 북 · 장구의 총칭.
사병 사사 私 군사 兵	사회	개인이 사사로이 길러 부리는 병사.
사복 사사 私 옷 服	국어	관복이나 제복이 아닌 보통 옷.
사분면 넉 四 나눌 分 얼굴 面	수학	4개로 나누어진 면.
사상 생각할 思 생각할 想	국어	어떠한 사물에 대하여 가지고 있는 구체적인 사고나 생각.
사상 의학 넉 四 코끼리 象 의원 醫 배울 學	사회	사람의 체질에 따라 같은 종류의 질병이라도 체질에 따라 다른 약을 써야 한다는 학설.
사상자 죽을 死 상처 傷 사람 者	국어	죽은 사람과 다친 사람.
사색 죽을 死 빛 色	국어	죽어 가는 얼굴빛. 죽은 사람과 같은 안색.
사색 생각할 思 찾을 索	국어	사물의 이치를 따져 깊이 생각함.

| 사선
죽을 死 줄 線 | 국어 | 죽을 고비. 죽느냐 사느냐의 일시적인 위기의 경지. |

| 사식
사사 私 밥 食 | 국어 | 사사로이 마련하여 먹는 음식. 곧 교도소·유치장 같은 곳에 갇힌 사람에게 사비(私費)로 들여보내는 음식. |

| 사실
역사 史 열매 實 | 국어 | 역사상 실제로 있었던 일. |

| 사액
줄 賜 이마 額 | 사회 | 현판을 하사함. 임금이 서원 등에 이름을 지어 그것을 새긴 현판을 내리는 것. |

| 사용
부릴 使 쓸 用 | 국어 | 물건을 쓰거나 사람을 부림. |

| 사유 재산
사사 私 있을 有 재물 財 낳을 産 | 사회 | 개인이 소유한 재산. |

| 사육신
죽을 死 여섯 六 신하 臣 | 사회 | 단종의 복위를 꾀하다가 사전에 발각되어 참혹한 고문을 받고 처형된 여섯 충신. |

| 사익
사사 私 더할 益 | 사회 | 한 개인의 사사로운 이익. |

| 사자
부릴 使 사람 者 | 국어 | 어떤 사명을 맡아서 심부름하는 사람. |

| 사전
말씀 辭 법 典 | 국어 | 낱말을 일정한 순서로 배열하여, 발음·뜻·용법·어원 등을 해설한 책. |

ㅅ

93

사전 일 事 법 典	_{국어}	여러 가지 사항을 모아 그 하나하나에 긴 해설을 붙인 책.
사죄 사례할 謝 허물 罪	_{국어}	지은 죄에 대해 용서를 빎.
사칙 넉 四 법칙 則	_{수학}	덧셈·뺄셈·곱셈·나눗셈의 네 가지 계산 방법.
사탕 모래 砂 사탕 糖	_{국어}	엿이나 설탕을 끓여 만든 달고 단단한 과자.
사태 일 事 모양 態	_{국어}	일의 상태나 되어 가는 형편.
사해 죽을 死 바다 海	_{과학}	이스라엘 근처에 위치한 바다. 200% 정도의 높은 염분 때문에 거의 생물이 살지 못해 '죽은 바다'라 불린다.
사화 선비 士 재화 禍	_{사회}	선비들이 반대파에게 화를 입는 일. 우리 역사에서는 조선 중기(연산군 때부터 명종 즉위년까지) 사림세력이 화를 당한 4차례의 옥사.
사회성 모일 社 모일 會 성품 性	_{사회}	어떤 사회의 고유한 성질.
사회자 맡을 司 모일 會 사람 者	_{국어}	모임이나 예식에서 진행을 맡아보는 사람.
사후 약방문 죽을 死 뒤 後 약 藥 모 方 글월 文	_{국어}	죽은 뒤에 약 처방이라는 뜻으로, 실패한 뒤에 후회해도 소용없다는 말.

산개 흩을 散 열 開	과학	모여 있지 않고 여럿으로 흩어짐.
산림 뫼 山 수풀 林	국어	산과 숲. 또는, 산에 있는 숲.
산만 흩을 散 질펀할 漫	국어	정돈되지 않고 흩어져 있음.
산맥 뫼 山 맥 脈	사회	많은 산들이 길게 이어져 줄기 모양을 하고 있는 지대.
산사 뫼 山 절 寺	국어	산 속에 있는 절.
산수화 뫼 山 물 水 그림 畵	미술	동양화에서, 자연의 풍경을 제재(題材)로 하여 그린 그림.
산업 낳을 産 업 業	가정	생산을 하는 사업.
산업 재해 낳을 産 업 業 재앙 災 해칠 害	가정	근로자가 작업 환경이나 작업 활동 등의 노동 과정에서 일어나는 사고.
산업화 낳을 産 업 業 될 化	사회	산업으로 돌림. 산업의 형태로 나타냄.
산유국 낳을 産 기름 油 나라 國	사회	원유를 생산하는 나라.

ㅅ

산호초 산호 珊 산호 瑚 암초 礁	사회	몸에 석회질의 골격을 가진 산호충의 유해(遺骸)가 쌓여서 된 바위.
살균 죽일 殺 버섯 菌	국어	약품이나 높은 열로 세균 등 미생물을 죽여 무균 상태로 하는 일.
살충제 죽일 殺 벌레 蟲 지을 劑	국어	농작물 · 가축 등에 해가 되는 벌레를 죽이거나 없애는 약품의 총칭.
삼각형 석 三 뿔 角 모양 形	수학	세 개의 변으로 이루어진 다각형.
삼권 분립 석 三 권세 權 나눌 分 설 立	사회	국가 권력을 입법 · 사법 · 행정으로 나누어 분담하는 통치 원리.
삼기작 석 三 기약할 期 지을 作	사회	1년 동안 같은 작물을 세 번 재배함.
삼릉석 석 三 모서리 稜 돌 石	과학	세 개의 면과 모서리가 뚜렷한 암석.
삼엄 빽빽할 森 엄할 嚴	국어	질서가 바로 서고 무서우리만큼 매우 엄중함.
3차 산업 석 三 버금 次 낳을 産 업 業	사회	운수업, 상업, 금융업 등 각종 서비스 산업.
삼척동자 석 三 자 尺 아이 童 아들 子	국어	키가 석 자밖에 되지 않는 아이라는 뜻으로, 철부지 어린아이를 이르는 말.

삼한사온 석 三 찰 寒 넉 四 따뜻할 溫	과학	추운 날씨가 약 3일 계속되다가 다음에 따뜻한 날씨가 4일가량 계속되는 주기적 기후 현상.
삽시간 가랑비 霎 때 時 사이 間	국어	아주 짧은 시간 동안.
삽화 꽂을 插 그림 畵	국어	인쇄물 속에 끼워 넣어, 내용 · 기사의 이해를 돕는 그림.
상기 위 上 기운 氣	국어	부끄러움이나 흥분으로 얼굴이 붉어짐.
상기 생각할 想 일어날 起	국어	전에 있었던 일을 다시 생각해 냄.
상대도수 서로 相 대답할 對 법도 度 셈할 數	수학	전체에 대한 상대적 크기를 나타낸 도수.
상대방 서로 相 대답할 對 모 方	사회	서로 상대가 되는 쪽을 이르는 말.
상비군 항상 常 갖출 備 군사 軍	국어	국가가 긴급한 상황이 아닌 평상시에도 갖추고 있는 군대.
상소 위 上 트일 疏	국어	임금님께 글을 올림.
상석 평상 床 돌 石	국어	무덤 앞에 세운 상돌.

ㅅ

상식 항상 常 알 識	국어	일반 사람으로서 가져야 할 일반적인 지식.
상실기 뽕나무 桑 열매 實 기약할 期	과학	난할을 거듭하여 배의 전체적인 모양이 뽕나무 열매와 비슷한 모양으로 되는 시기.
상아 코끼리 象 어금니 牙	사회	코끼리의 위턱에 길게 뻗은 두 개의 앞니.
상업 헤아릴 商 업 業	가정	상품의 매매에 의하여 생산자와 소비자 사이에서 재화의 전환을 매개하고 이익을 얻는 것을 업으로 하는 일.
상업적 농업 헤아릴 商 업 業 과녁 的 농사 農 업 業	사회	농산물을 상품화할 목적으로 재배하는 농업형태.
상전 위 上 법 典	국어	예전에, 종에 상대하여 그 주인을 이르던 말.
상정 생각할 想 정할 定	국어	어떤 상황이나 조건을 가정적으로 생각하여 판정함.
상태 형상 狀 모양 態	과학	물질이 존재하는 모양.
상투어 항상 常 덮개 套 말씀 語	국어	버릇이 되어 늘 쓰는 예사로운 말.
상품 헤아릴 商 물건 品	가정	팔고 사는 물건.

상피 조직 위上 가죽皮 짤組 짤織	과학	피부의 가장 바깥 부분으로, 몸의 내부를 보호하는 조직.
상해 상처傷 해칠害	국어	상처를 내어 해를 입힘.
상호 헤아릴商 부르짖을號	국어	상인이 영업상으로 자기를 나타내는 데 쓰는 칭호.
상황 형상狀 하물며況	국어	일이 되어 가는 형편이나 모양.
색지 빛色 종이紙	국어	물을 들인 종이.
생동감 날生 움직일動 느낄感	국어	살아 움직이는 듯한 느낌.
생략 덜省 다스릴略	국어	글이나 말 또는 일정한 절차를 짤막하게 줄임.
생명 공학 날生 목숨命 장인工 배울學	기술	생물 특유의 기능인 유전·증식·대사 등을 물질의 생산이나 검출 등에 이용하는 기술.
생모 날生 어미母	국어	자기를 낳은 어머니.
생물체 날生 만물物 몸體	국어	살아 있는 물체.

人

생선 날 生 고울 鮮	가정	말리거나 소금에 절이지 않은 물고기.
생성 날 生 이룰 成	국어	사물이 생겨서 자라남.
생소 날 生 드물 疎	국어	친숙하지 아니함. 낯이 섦.
생시 날 生 때 時	국어	자지 아니하고 깨어 있을 때.
생식력 날 生 번성할 殖 힘 力	과학	자손을 낳을 수 있는 능력.
생존 날 生 있을 存	국어	생명을 유지하고 있음.
생채 날 生 나물 菜	가정	익히지 않은 나물.
생태계 날 生 모양 態 이을 系	과학	어느 지역 안에 살고 있는 생물의 무리와, 그 생활에 깊은 관계를 가지고 균형과 조화를 이루는 환경 요소.
생활 날 生 살 活	국어	살아서 활동함.
생활고 날 生 살 活 쓸 苦	국어	수입이 모자라서 일어나는 경제적인 고통.

서당 글 書 집 堂	어린이에게 한문을 가르치기 위해 개인이 세운 마을의 글방.

서면 글 書 얼굴 面	글씨를 적어 놓은 지면 또는 그 내용.

서산 서녘 西 뫼 山	서쪽에 있는 산. 해가 지는 쪽의 산.

서술어 차례 敍 지을 述 말씀 語	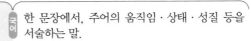 한 문장에서, 주어의 움직임 · 상태 · 성질 등을 서술하는 말.

서식 살 棲 숨쉴 息	동물이 어떠한 곳에 삶.

서약서 맹세할 誓 묶을 約 글 書	서약하는 글. 또는 그 문서.

서옥 사위 壻 집 屋	고구려에서 혼인을 한 후에 사위가 머무를 수 있도록 신부의 집 뒤에 세운 작은 집.

석류 돌 石 석류나무 榴	석류나무의 열매.

석양 저녁 夕 볕 陽	저녁때의 해.

석학 클 碩 배울 學	학문이 깊음. 또는 그러한 사람.

ㅅ

101

선각자 먼저 先 깨달을 覺 사람 者	국어	남달리 앞서 깨달은 사람.
선거 가릴 選 들 擧	사회	여러 사람 가운데서 뽑아 정함.
선거구 가릴 選 들 擧 지경 區	사회	의원을 선출하는 단위로서 전국을 지역으로 구분한 구역.
선녀 신선 仙 계집 女	국어	선경(仙境)에 산다고 하는 여자.
선도 착할 善 이끌 導	국어	좋은 길로 올바르게 인도함.
선망 부러워할 羨 바랄 望	국어	남을 부러워하여 그렇게 되기를 바람. 부러워함.
선물 반찬 膳 만물 物	국어	남에게 고맙거나 축하하는 뜻을 표시하기 위해 주는 물품.
선사 시대 먼저 先 역사 史 때 時 대신할 代	사회	문자로 기록된 역사 자료가 없는, 역사 이전의 시대.
선산 먼저 先 뫼 山	국어	조상의 무덤. 또는 조상의 무덤이 있는 곳.
선상지 부채 扇 형상 狀 땅 地	사회	강이 산지에서 평지로 흐를 때, 흐름이 갑자기 느려져서 토사를 퇴적하여 이룬 완만한 경사의 부채꼴 모양의 지형.

| 선인장
신선 仙 사람 人 손바닥 掌 | 국어 | 선인장과의 여러해살이풀. 열대·아열대의 사막 지대에 많이 분포함. |

| 선제 공격
먼저 先 마를 制 칠 攻 칠 擊 | 사회 | 상대편을 견제하기 위하여 선수를 쳐서 공격하는 일. |

| 선지자
먼저 先 알 知 사람 者 | 국어 | 남보다 먼저 아는 사람. |

| 선착순
먼저 先 붙을 着 순할 順 | 국어 | 먼저 와 닿는 차례. 먼저 온 차례. |

| 선채
먼저 先 비단 綵 | 국어 | 혼인을 정하고 혼례를 지내기 전에 신랑 집에서 신부 집으로 보내는 채단. |

| 선풍적
돌 旋 바람 風 과녁 的 | 국어 | 돌발적으로 일어나, 큰 반응을 일으키거나 영향을 미치는 것. |

| 선현
먼저 先 어질 賢 | 사회 | 옛 사람 중 어질고 뛰어나 이치에 밝은 사람. |

| 선호
가릴 選 좋을 好 | 사회 | 여러 가지 중에서 어떤 대상을 특별히 가려서 좋아하는 것. |

| 설명
말씀 說 밝을 明 | 국어 | 내용이나 이유를 알기 쉽게 풀어서 밝힘. |

| 설명문
말씀 說 밝을 明 글월 文 | 국어 | 사리나 사건을 설명하여 지식·이성에 호소하는 글. 문학 작품 이외의 실용적인 글을 이름. |

설문지 배풀 設 물을 問 종이 紙	국어	특정 사항에 대한 통계 조사나 여론 조사를 위하여 그에 관련된 여러 가지 조사 사항을 적은 종이.
설비 배풀 設 갖출 備	국어	어떤 목적에 필요한 것을 설치함.
설상가상 눈 雪 위 上 더할 加 서리 霜	국어	눈 위에 또 서리가 덮인 격이라는 뜻으로, 어려운 일이 연거푸 일어남.
설피 눈 雪 가죽 皮	사회	눈에 빠지지 않도록 신 바닥에 대는 일종의 덧신.
설화 말씀 說 말할 話	국어	신화 · 전설 등을 줄거리로 한 옛이야기.
섬광 번쩍할 閃 빛 光	국어	번쩍이는 빛.
섭취 당길 攝 취할 取	가정	양분을 빨아들임.
성격 성품 性 격식 格	국어	사람마다 다르게 가진 특별한 성질.
성단 별 星 둥글 團	과학	수많은 별들이 무리를 지어 모여 있는 집단.
성문법 이룰 成 글월 文 법 法	사회	문서로 작성된 법률.

성운	
별 星 구름 雲	과학

엷은 구름같이 보이는 천체.

성장	
이룰 成 길 長	국어

자라서 점점 커짐, 또는 성숙해짐.

성전	
성인 聖 싸울 戰	국어

신성한 싸움. 거룩한 전쟁.

성취감	
이룰 成 이룰 就 느낄 感	국어

목적한 바를 이루었을 때의 느낌.

성층권	
이룰 成 층 層 우리 圈	중과

대류권 위에 있는, 기온이 거의 일정한 대기권.

ㅅ

세계 무역 기구	
인간 世 지경 界 바꿀 貿 바꿀 易 기계 機 얽을 構	사회

WTO. 관세 무역 일반 협정의 발전형으로 1995년에 발족한 국제 무역의 규정을 통괄하는 기관.

세계화	
인간 世 지경 界 될 化	사회

세계 여러 나라를 이해하고 받아들여 폐쇄적 상태에서 벗어나는 것.

세곡	
구실 稅 곡식 穀	사회

세금으로 거두어 들인 곡식.

세뇨관	
가늘 細 오줌 尿 대롱 管	과학

신장 속에 있는, 혈액 속에서 나오는 오줌을 모으는 수 많은 가는 소관.

세립질	
가늘 細 알 粒 바탕 質	과학

작은 알갱이로 구성된 것.

105

세상
인간 世 위 上

국어 모든 사람이 살고 있는 지구 위.

세습
인간 世 엄습할 襲

국어 한 집안의 재산·직위·업무 등을 자자손손 물려받는 일.

세탁기
씻을 洗 씻을 濯 기계 機

국어 전기를 이용하여 빨래하는 데 쓰는 기계.

세태
인간 世 모양 態

국어 세상의 형편.

세포
가늘 細 태보 胞

과학 생물체를 이루고 있는 기본적인 단위.

소각
불사를 燒 물리칠 却

국어 불에 살라 버리는 것.

소견
장소 所 볼 見

국어 어떤 대상이나 현상을 보고 살피어 인식하는 생각이나 의견.

소극적
사라질 消 다할 極 과녁 的

국어 자진하여 앞장서 나아가려는 기백이나 박력이 모자라고 활동적(活動的)이 아닌 것.

소멸
사라질 消 멸망할 滅

국어 사라져 없어지거나, 또는 자취도 남지 않도록 없애 버림.

소문
장소 所 들을 聞

국어 여러 사람들 입에 오르내려 전하여 들리는 말.

| 소박 | 꾸밈이나 거짓이 없이 있는 그대로임. |
| 흴 素 순박할 朴 | |

| 소비자 | 돈이나 물건을 쓰는 사람. |
| 사라질 消 소비할 費 사람 者 | |

가정

| 소생 | 죽어가던 상태에서 다시 살아남. |
| 깨어날 蘇 날 生 | |

국어

| 소설 | 상상력과 사실의 통일적 표현으로써 인생과 미를 산문체로 나타낸 예술. |
| 작을 小 말씀 說 | |

국어

| 소수 | 1보다 큰 자연수 중에서 1과 자기 자신만을 약수로 가지는 수. |
| 흴 素 셈할 數 | |

사회

| 소실 | 불에 타서 없어짐. 또는 그렇게 잃음. |
| 불사를 燒 잃을 失 | |

국어

| 소양 | 평소에 닦아 쌓은 교양. |
| 흴 素 기를 養 | |

국어

| 소외 | 어떤 무리에서 싫어하여 따돌리거나 멀리함. |
| 드물 疎 밖 外 | |

국어

| 소음 | 떠들썩한 소리. 시끄러운 소리. |
| 떠들 騷 소리 音 | |

수학

| 소인수 분해 | 어떤 자연수를 가장 작은 단위로 분해하는 것. |
| 흴 素 인할 因 셈할 數 나눌 分 풀 解 | |

국어

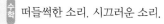

107

소작농 작을 小 지을 作 농사 農	국어	소작료를 물고 남의 땅을 빌려 짓는 농사. 또는 그런 농민.
소풍 사라질 消 바람 風	국어	운동이나 자연의 관찰을 겸하여 먼 길을 걸음.
소행 장소 所 다닐 行	국어	이미 행한 일이나 짓.
소화 사라질 消 될 化	과학	먹은 음식을 삭임.
속담 풍속 俗 말씀 談	국어	옛날부터 사람들 사이에 널리 전해 내려온, 어떤 가르침을 주는 짤막한 말.
속력 빠를 速 힘 力	과학	속도의 크기. 빠르기.
손상 덜 損 상처 傷	국어	값어치 · 명예 · 체면 등이 떨어지거나 하여 해롭게 되거나 해롭게 되게 함.
손색 겸손할 遜 빛 色	국어	견주어 보아서 부족한 점.
송구 두려워할 悚 두려워할 懼	국어	두려운 마음에 거북하며 미안함.
송무백열 소나무 松 우거질 茂 측백나무 栢 기쁠 悅	국어	소나무가 무성함을 잣나무가 기뻐한다는 뜻으로, 벗이 잘됨을 기뻐한다는 말.

송유관 보낼 送 기름 油 대롱 管	사회	석유나 원유 등을 딴 곳으로, 보내기 위하여 시설한 관.
쇠약 쇠할 衰 약할 弱	국어	튼튼하지 못하고 약함. 약해져서 전보다 못하여 감.
수공업 손 手 장인 工 업 業	국어	기계를 사용하지 않고 주로 손을 놀려서 생산하는 소규모 공업.
수관 나무 樹 갓 冠	과학	많은 가지와 잎이 달려 마치 갓 모양을 이루는 나무 줄기의 윗부분.
수긍 머리 首 즐길 肯	국어	그러하다고 고개를 끄덕임.
수난 받을 受 어려울 難	국어	견디기 어려운 일을 당함.
수도원 닦을 修 길 道 집 院	사회	크리스트교 학자인 교부들이 살던 곳으로 중세 학문과 사상의 중심지.
수렴 거둘 收 거둘 斂	사회	생각이나 주장 등을 한군데로 모이게 함.
수매화 물 水 중매 媒 꽃 花	과학	물에 의해 수분이 이루어진 꽃.
수면 잠잘 睡 잠잘 眠	국어	잠을 자는 일.

ㅅ

109

수면 물 水 얼굴 面 [국어]	물의 겉쪽. 물 위의 면.
수모 받을 受 업신여길 侮 [국어]	남에게 모욕을 당함.
수목 농업 나무 樹 나무 木 농사 農 업 業 [사회]	나무를 심고 가꾸어 과수를 재배하는 농업. 특히 지중해성 기후 지역에 발달함.
수묵화 물 水 먹 墨 그림 畫 [미술]	채색을 쓰지 아니하고, 수묵으로 짙고 옅은 효과를 내어 그린 그림.
수분 받을 受 가루 粉 [과학]	암술머리가 화분을 받아들이는 현상.
수사 셈할 數 말씀 詞 [국어]	수량이나 차례를 나타내는 품사.
수산업 물 水 낳을 産 업 業 [가정]	수산물의 어획·양식·제조 등에 관한 사업.
수소문 찾을 搜 장소 所 들을 聞 [국어]	세상에 떠도는 소문을 두루 찾아 살핌.
수식 셈할 數 법 式 [수학]	수나 양을 나타내는 숫자 또는 글자를 계산 기호로 연결한 것으로, 전체가 수학적인 뜻을 가짐.
수심 물 水 깊을 深 [국어]	물의 깊이.

110

수심 시름 愁 마음 心		매우 근심함. 또는 그런 마음.
수운 물 水 돌 運		강에서 뱃길로 물건 · 사람을 실어 나름.
수입 나를 輸 들 入		외국의 물품을 사들임.
수작 갚을 酬 따를 酌		서로 말을 주고 받음. 혹은 남의 말이나 행동 · 계획 따위를 낮잡아 하는 말.
수정 물 水 밝을 晶		석영의 한 가지.
수정 받을 受 자세할 精		암배우자와 수배우자가 만나 결합하는 과정.
수종 나무 樹 씨 種		나무의 종류.
수증기 물 水 찔 蒸 기운 氣		물이 증발하여 기체 상태로 된 것.
수직선 드리울 垂 곧을 直 줄 線		일정한 직선 또는 평면과 직각을 이루는 직선.
수질 골수 髓 바탕 質		신장의 안쪽 부분.

ㅅ

수질 오염 물 水 바탕 質 더러울 汚 물들일 染	국어	어떤 장소의 물이 하수나 산업 폐수 따위로 인하여 인체에 위해를 가할 정도로 더러워진 상태.
수축 거둘 收 다스릴 縮	기술	어떤 물건이 오그라들거나 줆.
수칙 지킬 守 법칙 則	국어	행동·절차에 관하여 지켜야 할 사항을 정한 규칙.
수탈 거둘 收 빼앗을 奪	국어	강제로 빼앗음. 긁어 빼앗음.
수필 따를 隨 붓 筆	국어	생각나는 대로 일정한 형식이 없이 써 나가는 산문의 하나.
수행 따를 隨 다닐 行	국어	높은 지위에 있는 사람이나 일정한 임무를 띠고 가는 사람을 따라감.
수혈 나를 輸 피 血	국어	중환자나 출혈이 심한 사람에게 그 혈액형과 같은 건강한 사람의 피를 혈관에 주입함.
숙명 묵을 宿 목숨 命	국어	날 때부터 타고난 운명.
숙연 엄숙할 肅 그러할 然	국어	고요하고 엄숙함.
숙직실 묵을 宿 곧을 直 집 室	국어	숙직하는 사람이 자는 방.

순례	
돌 巡 예도 禮	종교상의 여러 성지 등을 차례로 찾아다니며 참배하는 것.

순발력	
잠깐 瞬 쏠 發 힘 力	근육이 순간적으로 수축하면서 나는 힘. 순간적으로 힘을 낼 수 있는 능력.

순서	
순할 順 차례 序	정해 놓은 차례.

순서쌍	
순할 順 차례 序 쌍 雙	순서를 정하여 짝지어 나타낸 것.

순식간	
잠깐 瞬 숨쉴 息 사이 間	눈을 한 번 깜짝하거나 숨 한 번 쉴 만한 극히 짧은 동안.

순응	
순할 順 응할 應	남의 요구에 순순히 잘 따름.

순장	
따라죽을 殉 장사 葬	한 집단의 지배층 계급에 속하는 인물이 사망했을 경우 처첩, 신하, 노비 등 다른 사람을 함께 묻는 풍습.

순종	
순할 順 좇을 從	순순히 복종함.

순환 소수	
좇을 循 고리 環 작을 小 셈할 數	주기적으로 되풀이되는 무한 소수.

습곡	
주름 褶 굽을 曲	지층이 수평 방향으로 미는 힘에 의해 휘어진 것.

ㅅ

습관 익힐 習 버릇 慣	국어	몸에 밴 버릇.
습도 젖을 濕 법도 度	과학	공기의 습한 정도. 공기 중에 포함된 수증기의 양.
습도계 젖을 濕 법도 度 셈할 計	국어	대기 중의 습도를 재는 계기.
습득 주울 拾 얻을 得	국어	주워서 얻음.
습성 익힐 習 성품 性	국어	버릇이 되어 버린 성질.
습윤 축축할 濕 젖을 潤	사회	습하고 질척질척함. 습기를 띰.
습작 익힐 習 지을 作	국어	예술가가 연습으로 만든 작품.
습지 젖을 濕 땅 地	과학	습기가 많은 땅.
승무 중 僧 춤출 舞	음악	고깔과 장삼을 걸치고 두 개의 북채를 쥐고 추는 민속춤.
승화 오를 昇 꽃 華	국어	사물 현상이 더욱 높은 상태로 끌어 올려짐.

114

승화 오를 昇 꽃 華	과학	고체가 액체 상태를 거치지 않고 직접 기체로 변하거나, 기체가 직접 고체로 변하는 현상.
시각 볼 視 깨달을 覺	국어	눈을 통해서 빛의 자극을 받아들이는 감각.
시각적 볼 視 깨달을 覺 과녁 的	국어	눈을 통해 빛깔, 모양 등을 보는 듯한 느낌.
시구 시 詩 글귀 句	국어	시어가 모여서 이루어진 구절.
시민 단체 저자 市 백성 民 둥글 團 몸 體	사회	공익 실현을 위해 시민들이 자발적으로 결성한 비영리적인 집단.
시비 옳을 是 아닐 非	국어	옳으니 그르니 하는 말다툼.
시비 시 詩 비석 碑	국어	시를 새긴 비.
시식 시험할 試 밥 食	국어	음식의 맛이나 요리 솜씨를 시험하기 위해 먹어 봄.
시어 시 詩 말씀 語	국어	시에 있는 말. 시에 쓰는 말.
시위 보일 示 위엄 威	사회	위력이나 기세를 드러내어 보임.

人

시장 저자 市 마당 場	사회	매일 또는 정기적으로 사람이 모여 상품 매매를 하는 장소.
시조 처음 始 조상 祖	국어	한 겨레의 맨 처음이 되는 조상.
시주 베풀 施 주인 主	국어	중이나 절에 물건을 베풀어 주는 사람.
시중 모실 侍 가운데 中	사회	고려 때, 국정을 총괄하던 대신.
시차 때 時 어긋날 差	사회	세계 표준시를 기준으로 지구상의 각 지역에서 나타나는 시간의 차이.
시체 주검 屍 몸 體	국어	죽은 사람의 몸뚱이. 송장
식견 알 識 볼 見	국어	사물을 분별할 수 있는 능력.
식구 밥 食 입 口	국어	한 집안에서 같이 살며 끼니를 함께 하는 사람.
식균 작용 밥 食 버섯 菌 지을 作 쓸 用	과학	외부에서 침입한 세균 등을 세포 안으로 잡아들여 섭취하는 작용.
식단 밥 食 홑 單	가정	필요한 음식의 종류 및 순서를 일정한 기간 계획하여 짠 표.

| 식물 도감
심을 植 만물 物 그림 圖 거울 鑑 | 국어 | 일정한 식물구계 안의 모든 식물을 채집하여 그 형상 · 상태 등을 정리하여 밝히고 이에 설명을 붙인 책. |

| 식물원
심을 植 만물 物 동산 園 | 국어 | 식물의 연구 · 진보 · 향상과 지식의 보급을 목적으로 하여 만들어진, 여러 가지 식물을 수집 · 재배하는 시설을 갖춘 곳. |

| 식별
알 識 나눌 別 | 국어 | 알아서 구별함. |

| 식사
밥 食 일 事 | 가정 | 음식을 먹는 일, 또는 그 음식. |

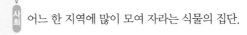

| 식생
심을 植 날 生 | 사회 | 어느 한 지역에 많이 모여 자라는 식물의 집단. |

| 식생활
밥 食 날 生 살 活 | 가정 | 생활 가운데서 먹는 것에 관한 분야. |

| 식솔
밥 食 거느릴 率 | 국어 | 집안에 딸린 식구. |

| 식품
밥 食 물건 品 | 가정 | 사람이 날마다 섭취하는 음식물. |

| 신교
새 新 가르칠 教 | 사회 | 종교 개혁 이후 로마 가톨릭에서 갈라져 나온 크리스트교의 여러 종파를 통틀어 이르는 말. |

| 신념
믿을 信 생각할 念 | 국어 | 굳게 믿는 마음. |

신록 새 新 푸를 綠	_{국어} 새 잎의 푸른빛.
신뢰 믿을 信 의지할 賴	_{국어} 믿고 의지함.
신문고 펼 伸 들을 聞 북 鼓	_{사회} 조선시대에 백성이 원통한 일을 하소연할 때 치게 하던 북.
신변 몸 身 가 邊	_{국어} 몸의 주위. 또는 몸.
신분 몸 身 나눌 分	_{국어} 개인의 사회적 지위나 계급.
신세 몸 身 인간 世	_{국어} 남에게 도움을 받거나 괴로움을 끼치는 일.
신신당부 펼 申 펼 申 마땅할 當 줄 付	_{국어} 여러 번 되풀이하여 간곡히 하는 부탁을 이르는 말.
신임 믿을 信 맡길 任	_{국어} 믿고 일을 맡김.
신입생 새 新 들 入 날 生	_{국어} 새로 입학한 학생.
신작로 새 新 지을 作 길 路	_{국어} 옛날의 좁은 길에 대하여, 자동차가 다닐 수 있도록 넓게 새로 낸 길.

신조 믿을 信 가지 條	국어	굳게 믿어 지키고 있는 생각.
신체검사 몸 身 몸 體 조사할 檢 조사할 査	국어	인체의 건강 상태를 알아보기 위해 신체의 각 부분을 검사함.
신체시 새 新 몸 體 시 詩	국어	새로운 형식 · 체제 · 내용으로 된 시란 뜻으로 신문학 운동 초기의 시 형식.
신통 귀신 神 통할 通	국어	모든 일에 헤아릴 수 없이 신기하게 통달함.
신하 신하 臣 아래 下	국어	임금을 섬기어 벼슬을 하는 사람.
신화 귀신 神 말씀 話	국어	민족 · 국가의 기원, 초자연적 존재와 그 사적(事績), 유사 이전의 민족사 따위의 신성한 이야기로 구전 전승됨.
실망 잃을 失 바랄 望	국어	희망을 잃어버림.
실사구시 열매 實 일 事 구할 求 옳을 是	사회	사실에 근거하여 진리나 진상(眞相)을 탐구하는 일. 또는 그런 학문 태도.
실수 잃을 失 손 手	국어	부주의로 잘못을 저지름.
실습 열매 實 익힐 習	국어	실제로 또는 실물로 배우고 익힘.

ㅅ

실언 잃을 失 말씀 言	국어	실수로 잘못 말함. 또는 그 말.
실업 잃을 失 업 業	사회	일하고자 하는 의욕이 있음에도 불구하고 일자리를 가지지 못한 상태.
실질 열매 實 바탕 質	국어	실상의 본바탕. 속바탕.
실천 열매 實 밟을 踐	국어	실제로 이행함.
실학 열매 實 배울 學	사회	학문은 실생활에 이용할 수 있는 것이어야 한다는 사상에서 나온 학문.
심경법 깊을 深 밭갈 耕 법 法	사회	쟁기를 이용하여 땅을 깊게 가는 경작법. 이로 인하여 토지의 생산력이 높아졌음.
심문 등심초 芯 무늬 紋	과학	꽃잎 속의 무늬.
심산유곡 깊을 深 뫼 山 그윽할 幽 골 谷	국어	깊은 산의 으슥한 골짜기를 이르는 말.
심상 마음 心 생각할 想	국어	마음속에 느껴지는 감각적인 모습이나 느낌.
심성암 깊을 深 이룰 成 바위 巖	과학	지하 깊은 곳에서 만들어진 암석.

심신		마음과 몸. 정신과 육체.
마음 心 몸 身	국어	

심연		깊은 연못. 좀처럼 헤어나기 어려운 깊은 구렁의 비유.
깊을 深 못 淵	국어	

심재		나무줄기의 중심부에 있는 단단한 부분. 또는 그 것으로 된 재목.
마음 心 재목 材	기술	

심토		표토보다 깊은 곳에 쌓인 곳.
깊을 深 흙 土	과학	

ㅅ

십상		거의 예외 없이 그러할 것이라는 추측을 나타내는 말.
열 十 항상 常	국어	

십이지장		소장의 첫 부분으로 손가락 12개를 붙여놓은 길이라고 해서 붙여진 이름.
열 十 두 二 손가락 指 창자 腸	과학	

십인십색		생각과 생김새·기호 따위가 사람마다 다름을 이르는 말.
열 十 사람 人 열 十 빛 色	국어	

십자군 전쟁		중세 유럽의 크리스트 교도가 이슬람 교도를 정벌하고자 일으킨 전쟁.
열 十 글자 字 군사 軍 싸울 戰 다툴 爭	사회	

십장생		죽지 않고 오래 산다는 열 가지.
열 十 길 長 날 生	국어	

십진법		고대 인도·아라비아 등에서 발달 완성한 계산법. 1·2·3· 4·5·6·7·8·9를 기수로 하고 9에 1을 더한 것을 10으로 하여 순차로 10배마다 새로운 단위 곧, 백·천·만 등을 붙이는 법.
열 十 나아갈 進 법 法	수학	

121

아열대 기후
버금 亞 더울 熱 띠 帶 기운 氣 물을 候

사회

온대와 열대의 중간 기후. 연평균 기온이 20℃ ~ 30℃ 사이인 지역에서 나타냄.

아전
마을 衙 앞 前

사회

옛날 고을의 관청에 딸린 낮은 벼슬아치.

악곡
풍류 樂 굽을 曲

음악

음악의 곡조.

악몽
악할 惡 꿈 夢

국어

나쁜 꿈. 불길하고 무서운 꿈.

악상
악할 惡 죽을 喪

국어

자식이 부모보다 먼저 죽는 것.

안내문
책상 案 안 內 글월 文

국어

안내하는 내용을 적은 글.

안락사
편안할 安 즐길 樂 죽을 死

국어

절대로 회복될 가망이 없는 병자를 본인 또는 가족의 희망에 따라, 고통이 적은 방법으로 인위적으로 죽음에 이르게 하는 일.

안목
눈 眼 눈 目

국어

사물을 보고 분별하는 견식.

안석
책상 案 자리 席

국어

앉을 때 벽에 세우고 뒤로 몸을 기대는 방석.

안압지 기러기 雁 오리 鴨 못 池	사회	신라시대에 궁성 안에 조성한 연못.
안장 안장 鞍 꾸밀 裝	국어	말의 등에 얹는, 가죽으로 만든 물건.
안전 편안할 安 온전할 全	기술	편안하고 아무 탈이 없음. 위험이 없음.
안주 편안할 安 살 住	국어	자리를 잡아 편안하게 삶.
암석 바위 巖 돌 石	과학	바윗돌.
암시적 어두울 暗 보일 示 과녁 的	과학	넌지시 알려 주는 것.
암염 바위 巖 소금 鹽	과학	소금으로 이루어진 암석.
암초 어두울 暗 암초 礁	과학	해면(海面) 가까이 숨어 있어 보이지 않는 바위.
암행어사 어두울 暗 다닐 行 어거할 御 역사 史	사회	조선시대 국왕의 특명을 받고 지방관의 통치행위에 대한 감찰과 민정시찰 등을 수행하던 관직.
압력 누를 壓 힘 力	과학	누르거나 미는 힘.

○

123

압연 누를 壓 끌 延	기술	회전하는 압연기의 롤 사이에 상온이나 고온으로 가열한 금속을 넣어서 막대기나 널 모양으로 넓게 늘이는 일.
압착 누를 壓 짤 搾	기술	센 압력을 가하여 더 단단하게 하거나 빽빽하게 만듦.
압축 누를 壓 다스릴 縮	과학	물체에 힘을 가해 눌러 부피를 줄이는 것.
압출 누를 壓 날 出	기술	눌러서 밀어 냄.
액운 재앙 厄 돌 運	국어	재난을 당할 운수.
액체 진 液 몸 體	과학	물·기름처럼 일정한 체적은 있으나, 일정한 형상이 없는 유동성 물질.
액포 진액 液 태보 胞	과학	완전히 생장한 식물 세포와 원형질 안에 있는 큰 공포(空胞).
야기 이끌 惹 일어날 起	과학	어떤 사건이나 일 등을 불러 일으킴.
야당 들 野 무리 黨	사회	정당 정치에서 현재 정권을 잡고 있지 않은 정당.
야맹증 밤 夜 소경 盲 증세 症	과학	망막의 능력이 감퇴하여 밤에는 물건을 식별하지 못하는 증상.

야유 희롱할 揶 끌 揄	국어	남을 빈정거려 놀림.
약국 약 藥 판 局	국어	약사가 약을 조제하기도 하고 팔기도 하는 곳.
약도 다스릴 略 그림 圖	국어	간략하게 요점만을 추려 그린 도면.
약동 뛸 躍 움직일 動	국어	생기가 있고 기운차게 움직임.
약물 약 藥 만물 物	과학	약제가 되는 물질. 약품.
약속 묶을 約 묶을 束	국어	앞으로 할 일에 대하여 상대편과 서로 다짐하여 정함.
약수 약 藥 물 水	국어	땅 속에서 저절로 나오는, 약의 효력이 있다고 하는 샘물.
약재 약 藥 재목 材	국어	약을 짓는 재료.
약효 약 藥 본받을 效	국어	약의 효험.
양귀비 버들 楊 귀할 貴 왕비 妃	국어	양귀비과에 속하는 일년초.

양모 양 羊 털 毛		양의 털. 양털.
양반 두 兩 나눌 班	국어	조선 중기 이후부터 벼슬아치나 신분이 높은 사람을 가리켜 부르던 말.
양분 두 兩 나눌 分	국어	둘로 나누거나 가름.
양성 기를 養 이룰 成	국어	교육이나 훈련을 통하여 인재를 길러 냄.
양성화 두 兩 성품 性 꽃 花	과학	두 가지 성을 모두 갖춘 꽃.
양수 양 羊 물 水	과학	양막과 태아 사이의 공간을 채운 액체를 물질로 외부의 충격과 건조로부터 태아를 보호함.
양식 모양 樣 법 式	국어	일반적으로, 장기간에 걸쳐 자연히 정해진 형식.
양어장 기를 養 고기 魚 마당 場	국어	물고기를 인공적으로 길러 번식시키는 곳.
양전 헤아릴 量 밭 田	사회	토지의 실제 경작 상황을 알기 위하여 토지의 넓이를 측량하던 일.
양조장 빚을 釀 지을 造 마당 場	국어	술 · 간장 · 식초 등을 만드는 설비를 갖춘 곳.

양지 볕 陽 땅 地	국어	볕이 바로 드는 땅.
애도 슬플 哀 슬퍼할 悼	국어	사람의 죽음을 슬퍼함.
애수 슬플 哀 시름 愁	국어	가슴에 스며드는 슬픈 근심.
애창곡 사랑 愛 노래 唱 굽을 曲	국어	즐겨 부르는 노래.
애환 슬플 哀 기쁠 歡	국어	슬픔과 기쁨.
어근 말씀 語 뿌리 根	국어	말을 분해하여 그 말의 중심 요소로, 더 나눌 수 없는 데까지 이른 부분.
어눌 말씀 語 말더듬을 訥	국어	말을 더듬어 유창하게 하지 못함.
어로 고기잡을 漁 잡을 撈	사회	수산물을 포획하거나 채취함.
어류 고기 魚 무리 類	과학	물고기를 통틀어 이르는 말.
어명 어거할 御 목숨 命	국어	임금의 명령.

ㅇ

어절 말씀 語 마디 節	국어	언어 형식의 일종. 글을 시제의 언어로서 될수록 많이 끊은 짧은 단어로써 이루어지기도 하고, 체언과 조사가 되기도 함.
어조 말씀 語 고를 調	국어	말의 가락. 말하는 투.
어패류 고기 魚 조개 貝 무리 類	가정	식품으로 쓰이는 생선과 조개 종류를 통틀어 이르는 말.
어항 고기 魚 항아리 缸	국어	관상용으로 물고기를 기르는 데 쓰는 유리로 만든 항아리.
억압 누를 抑 누를 壓	국어	힘으로 억누름.
억양 누를 抑 오를 揚	국어	연속된 음성에서 음높이를 변하게 함.
언급 말씀 言 미칠 及	국어	어떤 일에 대하여 말함.
언론 말씀 言 말할 論	사회	말이나 글로 자기 사상을 발표하는 일.
언성 말씀 言 소리 聲	국어	말하는 소리.
언어 말씀 言 말씀 語	국어	음성 또는 문자로 사람의 사상·감정을 표현하고 의사를 전달하는 수단.

엄연 의젓할 儼 그러할 然	국어	말이나 행동이 점잖고 의젓함.
여기 남을 餘 재주 技	국어	전문적이 아니고 취미로 하는 재주나 기술.
여당 줄 與 무리 黨	사회	정당 정치에서 현재 정권을 담당하고 있는 정당.
여명 검을 黎 밝을 明	국어	희미하게 날이 밝아 오는 빛.
여집합 남을 餘 모일 集 합할 合	수학	전체집합에서 그 집합을 제외하고 남은 집합.
여한 남을 餘 한할 恨	국어	풀지 못하고 남은 원한.
여항 마을 閭 거리 巷	국어	백성들의 살림집이 많이 모여 있는 곳.
여흥 남을 餘 일 興	국어	연회나 어떤 모임이 끝난 뒤에 흥을 더하기 위하여 하는 연예(演藝).
역경 거스를 逆 지경 境	국어	일이 뜻대로 되지 않는 불행한 처지.
역류 거스를 逆 흐를 流	국어	흐름을 거슬러 올라감.

ㅇ

역사성 지날 歷 역사 史 성품 性	국어	사물이 시대를 따라 변천하는 성질.
역수 거스를 逆 셈할 數	수학	어떤 수로써 1을 나누어 얻은 몫을 그 어떤 수에 대하여 일컬음(예컨대, 5의 역수는 1/5).
역정 거스를 逆 뜻 情	국어	매우 언짢거나 못마땅하게 여기어 내는 성.
역참 역참 驛 설 站	사회	역마를 갈아타던 곳.
역학 힘 力 배울 學	과학	물체 사이에 작용하는 힘과 운동 사이의 관계를 연구하는 학문.
역할 부릴 役 나눌 割	국어	각자가 맡은 일.
연가 사모할 戀 노래 歌	국어	이성(異性)에 대한 사랑을 나타낸 노래.
연교차 해 年 견줄 較 어긋날 差	사회	기온이나 습도 따위가 철에 따라 변화하는 차이.
연금 해 年 쇠 金	사회	어떤 개인에게 햇수 단위로 정한 금액을 정기적으로 급여하는 금액.
연금술 불릴 鍊 쇠 金 기술 術	과학	구리·연·석 등의 비금속을 이용하여 금·은 등의 귀금속을 제조하는 기술. 나아가서는 불로장수약의 창제에까지 이르는 원시적인 화학 기술.

연기 펼 演 재주 技	국어 연극이나 영화에서 배우가 자기 자신의 표현 수단으로써 어떤 인물의 행동을 그대로 나타내는 기술.
연동 꿈틀거릴 蠕 움직일 動	과학 소화 기관의 근육이 꿈틀거림을 통해 음식물을 아래로 내려 보내는 운동.
연례악 잔치 宴 예도 禮 풍류 樂	음악 궁중의 조회나 연회에 연주하던 음악의 총칭.
연립 방정식 잇닿을 聯 설 立 모 方 단위 程 법 式	수학 나란히 세운 둘 이상의 방정식.
연마재 갈 硏 갈 磨 재목 材	과학 돌이나 쇠붙이 등 단단한 물체를 갈아 내는 데 쓰이는 물질.
연미복 제비 燕 꼬리 尾 옷 服	국어 상의의 뒤가 제비꼬리처럼 갈라진 남자의 서양식 예복.
연산 펼 演 셈할 算	수학 식이 나타내는 규칙에 따라 계산하는 일.
연상 잇닿을 聯 생각할 想	국어 어떤 사물을 생각할 때 그와 관련된 다른 사물이 함께 떠오르는 일.
연어 연어 鰱 고기 魚	국어 연어과의 바닷물고기.
연역법 펼 演 풀어낼 繹 법 法	사회 일반적인 원리로부터 개별적인 사실을 결론으로 이끌어 내는 추론 방법. 삼단 논법이 대표적인 형식임.

ㅇ

131

연작소설 잇닿을 聯 지을 作 작을 小 말씀 說	국어	여러 작가가 부분 부분 맡아 쓴 것을, 한데 모아 하나로 만든 소설.
연장 끌 延 길 長	국어	길게 늘임. 늘어남.
연정 사모할 戀 뜻 情	국어	이성을 사모하여 그리워하는 마음.
연주 펼 演 아뢸 奏	음악	여러 사람 앞에서 악기로 들려 줌.
연직 납 鉛 곧을 直	과학	납으로 만든 추가 지구 중심을 향하여 있는 상태로, 지표면에 수직인 방향.
연체 동물 연할 軟 몸 體 움직일 動 만물 物	과학	몸이 연한 외투 막으로 싸여 있고 마디가 없음.
연탄 불릴 煉 숯 炭	국어	석탄·목탄·코크스 가루 따위를 반죽하여 만든 연료.
연호 해 年 부르짖을 號	사회	왕이 즉위하면 자신의 재위 기간을 다른 시기와 구별하여 나타내기 위해 해를 세는 명칭으로 제정한 것.
열권 더울 熱 우리 圈	과학	성층 구분의 하나로, 중간권보다 위에 있으며 높이가 80km 이상의 고층.
열대 기후 더울 熱 띠 帶 기운 氣 물을 候	사회	적도에 가까운 저위도 지방에 나타나는 기후로 1년 내내 평균 18℃ 이상의 기온을 유지한다.

열대림
더울 熱 띠 帶 수풀 林
국어
남북 양 회귀선 사이에 있는 열대 지방의 삼림 식물대.

열대야
더울 熱 띠 帶 밤 夜
과학
한여름에 밤이 되어도 기온이 25℃ 이하로 내려가지 않고, 기온과 습도가 매우 높게 나타나는 현상.

열대어
더울 熱 띠 帶 고기 魚
국어
열대 지방에서 서식하는 물고기의 총칭.

열대 초원
더울 熱 띠 帶 풀 草 근원 原
사회
키가 큰 나무가 드문드문 있고 긴 풀이 자라는 곳으로, 열대 밀림의 주변 지역에 나타나며 야생 동물의 왕국을 이룸.

열등감
용렬할 劣 가지런할 等 느낄 感
가정
체격·용모·능력 등이 보통 수준보다 낮아서 생기는, 자신을 남보다 못한 무가치한 인간으로 낮추어 평가하는 감정.

열락
기쁠 悅 즐길 樂
국어
기뻐하고 즐김.

열량
더울 熱 헤아릴 量
과학
칼로리 단위를 사용하며, 1칼로리는 물 1그램을 1기압 하에서 1℃ 올리는 데 필요한 에너지.

열망
더울 熱 바랄 望
국어
열렬히 바람.

염류
소금 鹽 무리 類
과학
소금과 같이 바닷물 속에 녹아 있는 물질의 무리.

염색
물들일 染 빛 色
국어
염료로 섬유 등을 물들이는 일.

염색체 물들일 染 빛 色 몸 體	과학	세포가 분열할 때 나타나는 실 모양의 물질.
염치 청렴할 廉 부끄러울 恥	국어	결백하고 정직하며 부끄러움을 아는 마음.
염해 소금 鹽 해칠 害	사회	소금 성분이 농작물에 입히는 피해.
엽록소 잎 葉 푸를 綠 흴 素	과학	엽록체에 존재하는 녹색 색소.
엽록체 잎 葉 푸를 綠 몸 體	과학	녹색 식물의 잎이나 어린 줄기의 세포에 있는 녹색의 알갱이로 광합성이 일어나는 장소.
영국 국교회 꽃부리 英 나라 國 나라 國 가르칠 敎 모일 會	사회	로마 교황으로부터 독립한 영국의 교회를 일컫는 말로 성공회라고도 함.
영락 떨어질 零 떨어질 落	국어	세력이나 살림살이 따위가 아주 보잘것없이 됨.
영랑 영 令 사내 郎	국어	남의 아들을 높이어 일컫는 말.
영롱 옥소리 玲 옥소리 瓏	국어	눈부시게 빛남.
영모도 깃 翎 털 毛 그림 圖	미술	새나 짐승을 그린 그림.

영세
떨어질 零 가늘 細

살림이 보잘것없고 매우 궁색함.

영세민
떨어질 零 가늘 細 백성 民

수입이 적고 몹시 가난한 사람.

영약
신령 靈 약 藥

영묘한 약.

영양
경영할 營 기를 養

생물이 외부로부터 음식물을 섭취하여 체성분을 만들고, 체내에서 에너지를 발생시켜 생명을 유지하는 일.

영양분
경영할 營 기를 養 나눌 分

영양이 되는 성분.

영양사
경영할 營 기를 養 선비 士

식생활의 영양에 관하여 과학적으로 지도를 하는 사람.

영양소
경영할 營 기를 養 흴 素

생명체의 영양이 되는 물질. 보통 단백질 · 지방 · 탄수화물 · 무기염류 · 비타민 · 물의 여섯 가지를 일컬음.

영웅
꽃부리 英 수컷 雄

재주나 용맹이 뛰어나 위대한 일을 해낸 사람.

영어 생활
옥 圄 옥 圄 날 生 살 活

옥중생활.

영정
그림자 影 그림족자 幀

화상을 그린 족자.

O

135

영혼 신령 靈 넋 魂	국어	죽은 사람의 넋.
영화 비출 映 그림 畵	국어	영사막에 비추어 물건의 모양이나 움직임을 실제와 같이 보이는 것.
예배당 예도 禮 절 拜 집 堂	국어	기독교 신자들이 모여 예배를 보는 회당.
예보 미리 豫 알릴 報	과학	앞으로 다가올 일을 미리 알림.
예사 법식 例 일 事	국어	보통 있는 일.
예속 종 隷 붙을 屬	사회	딸려서 매임. 지배나 지휘를 받음.
예술성 재주 藝 재주 術 성품 性	국어	예술품이 지닌 또는 지녀야 할 예술적인 성질.
예정설 미리 豫 정할 定 말씀 說	사회	우주 사이의 모든 사물이나 역사적인 사건은 모두 신의 예정에 의하여 된 것이라는 주장.
예측 미리 豫 잴 測	국어	미리 짐작함. 미리 추측함.
오기 거만할 傲 기운 氣	국어	힘이 달리면서도 남에게 지기 싫어하는 마음.

오류 그릇할 誤 그릇될 謬	국어	그릇되어 이치에 어긋남.
오리무중 다섯 五 마을 里 안개 霧 가운데 中	국어	오리에 걸친 짙은 안개 속에 있어 방향을 알 수 없다는 뜻으로, 무슨 일에 대해 알 길이 없음을 비유하는 말.
오만상 다섯 五 일만 萬 서로 相	국어	얼굴을 잔뜩 찌푸린 형상.
오엽송 다섯 五 잎 葉 소나무 松	국어	잎이 다섯 잎씩 뭉쳐서 나는 나무라는 뜻으로, 잣나무를 말함.
오인 그릇할 誤 알 認	국어	잘못 보거나 잘못 생각.
오한 미워할 惡 찰 寒	국어	몸이 오슬오슬 춥고 떨리는 증세.
오후 낮 午 뒤 後	국어	낮 12시부터 밤 12시까지의 사이.
옥체 구슬 玉 몸 體	국어	편지 따위에서, 남의 몸을 높여 일컫는 말.
온난화 따뜻할 溫 따뜻할 暖 될 化	국어	이산화탄소 등 온실 기체에 의해 지구의 평균 기온이 올라가는 현상.
온도 따뜻할 溫 법도 度	과학	덥고 찬 정도. 온도계에 나타나는 도수.

옹색
막을 壅 막힐 塞

국어

생활이 넉넉지 못하여 궁색함.

옹졸
막을 壅 졸할 拙

국어

성질이 너그럽지 못하고 소견이 좁음.

완수
완전할 完 이룰 遂

국어

완전하게 이루어냄.

완족류
팔 腕 발 足 무리 類

과학

고생대 바다에 서식하던 조개류와 비슷한 동물.

완충
느릴 緩 찌를 衝

국어

급박한 충격이나 충돌을 중간에서 완화시킴.

왕권신수설
임금 王 권세 權 귀신 神 줄 授 말씀 說

사회

절대주의 국가에서 왕권은 신으로부터 주어진 것이기 때문에 국민은 저항권 없이 왕에게 절대 복종하여야 한다는 정치 이론.

왜곡
비뚤 歪 굽을 曲

국어

사실과 달리 그릇되게 해석함.

왜송
작을 矮 소나무 松

국어

가지가 많아 다보록한 어린 솔.

외각
밖 外 뿔 角

수학

다각형에서 바깥쪽의 각.

외골격
밖 外 뼈 骨 격식 格

과학

절지동물의 몸을 감싸는 단단한 껍질.

| 외국산
밖 外 나라 國 낳을 産 | 외국에서 산출됨. 또는 그 물품. |

| 외래어
밖 外 올 來 말씀 語 | 외국에서 들어와 마치 국어처럼 쓰는 말. |

| 외신
밖 外 믿을 信 | 외국에서 들어온 통신(通信). |

| 외유내강
밖 外 부드러울 柔 안 內 굳셀 剛 | 겉으로는 부드럽고 순하게 보이나 마음속은 단단하고 굳세다는 말. |

| 외지
밖 外 땅 地 | 자기가 사는 곳 밖의 땅. |

| 외투막
밖 外 덮게 套 막 膜 | 연체 동물의 몸 바깥을 싼 막. |

| 외형율
밖 外 모양 形 법 律 | 시의 표면에 드러나는 규칙적인 운율. |

| 외호흡
밖 外 부를 呼 마실 吸 | 산소를 몸 안으로 받아들이고 이산화탄소를 배출하는 일. |

| 요기
병고칠 療 주릴 飢 | 시장기를 면할 정도로 음식을 조금 먹음. |

| 요리
헤아릴 料 다스릴 理 | 입에 맞도록, 식품의 맛을 돋우어 조리함. |

ㅇ

139

요약 구할 要 묶을 約	말이나 글에서 중요한 것만을 추려 냄.
요원 구할 要 인원 員	필요한 인원.
요지 구할 要 뜻 志	글 등의 줄거리가 되는 중요한 뜻.
요행 바랄 僥 요행 倖	뜻하지 않은 행복.
욕구 바랄 欲 구할 求	바라고 구함.
용기 얼굴 容 그릇 器	물건을 담는 그릇.
용암 녹일 熔 바위 巖	마그마가 화산의 분화구로부터 분출한 것. 또는 그것이 식어 굳어서 된 암석.
용액 녹을 溶 진 液	어떤 물질에 다른 물질이 녹아 섞인 액체.
용역 쓸 用 부릴 役	형태가 있는 모습을 가지고 있지 않고 생산과 소비에 필요한 노동력을 제공하는 인간의 행위.
용이 얼굴 容 쉬울 易	어렵지 아니함. 쉬움.

용접		
녹일鎔 사귈接	과학	높은 열을 이용하여 두 금속을 녹여 붙이는 것.

용해		
녹을溶 풀解	과학	물질이 녹거나 녹임.

용해도		
녹을溶 풀解 법도度	과학	일정한 온도에서 용매 100g에 최대로 녹을 수 있는 용질의 g수.

우기		
비雨 기약할期	국어	일 년 중에서 비가 가장 많이 오는 시기.

우단		
깃羽 비단緞	국어	거죽에 고운 털이 돋게 짠 비단.

우매		
어리석을愚 새벽昧	국어	어리석고 사리에 어두움.

우산		
비雨 우산傘	국어	비를 맞지 않기 위해 손에 들고 머리 위에 받쳐 쓰는 우비의 한 가지.

우산국		
어조사于 뫼山 나라國	국어	'울릉도'의 옛이름.

우상 숭배		
짝偶 형상像 높을崇 절拜	사회	신 이외의 사람이나 물체를 신앙의 대상으로 숭배하는 일.

우월감		
넉넉할優 넘을越 느낄感	가정	자기가 남보다 뛰어나다고 자처하는 느낌.

ㅇ

141

우유 소 牛 젖 乳	가정	암소의 젖. 밀크.
우의 머무를 寓 뜻 意	국어	다른 사물(事物)에 빗대어 그 뜻을 풍자함.
우정 벗 友 뜻 情	국어	친구 사이에 오가는 정.
우직 어리석을 愚 곧을 直	국어	어리석고 고지식함.
우화 머무를 寓 말할 話	국어	인격화한 동식물이나 다른 사물에 비겨 풍자나 교훈의 뜻을 나타내는 이야기.
우환 근심할 憂 근심 患	국어	근심이나 걱정되는 일.
운동장 돌 運 움직일 動 마당 場	국어	운동을 하거나 뛰놀 수 있게 닦아 놓은 넓은 땅.
운율 운 韻 법 律	국어	시문(詩文)의 음성적(音聲的) 형식. 리듬.
운지법 돌 運 손가락 指 법 法	음악	악기를 연주할 때 손가락을 이용하는 방법.
운치 운 韻 보낼 致	국어	고상하고 우아한 품위가 있는 멋.

운하 돌 運 강이름 河	^{사회} 육지를 파서 만든 인공의 수로.
울적 막힐 鬱 고요할 寂	^{국어} 마음이 답답하고 쓸쓸함.
원귀 원통할 冤 귀신 鬼	^{국어} 원통하게 죽은 사람의 귀신.
원망 원망할 怨 바랄 望	^{국어} 남을 못마땅하게 여기어 탓함.
원소 으뜸 元 횔 素	^{수학} 일반의 수학적 관계. 연산 등에 관계되는 낱낱의 대상.
원시 멀 遠 볼 視	^{과학} 먼 곳은 잘 볼 수 있고, 가까운 곳은 잘 보이지 않음.
원시적 근원 原 처음 始 과녁 的	^{국어} 원시 상태이거나 또는 그와 같은 것.
원심 분리 멀 遠 마음 心 나눌 分 떠날 離	^{과학} 혼합물을 회전시켜 멀리 떨어뜨리면서 성분 물질로 나누는 방법.
원예 동산 園 재주 藝	^{사회} 화초와 야채·과수 등을 심어 가꾸는 일. 또는 그 기술.
원유 근원 原 기름 油	^{과학} 유정에서 뽑아 올린 검푸른 색의 걸쭉한 액체.

ㅇ

143

유리수 있을 有 다스릴 理 셈할 數 수학	정수 또는 분수의 형식으로 나타낼 수 있는 수의 총칭.
유리창 유리 琉 유리 璃 창문 窓 국어	유리를 끼운 창.
유목민 놀 遊 칠 牧 백성 民 사회	가축을 기르면서 이동 생활을 하는 사람들.
유물 끼칠 遺 만물 物 사회	죽은 사람이 남긴 물건.
유발 꾈 誘 쏠 發 국어	어떤 일이 원인이 되어 다른 일이 일어남.
유복자 끼칠 遺 배 腹 아들 子 국어	태어나기 전에 아버지를 여읜 자식.
유사시 있을 有 일 事 때 時 국어	비상한 일이 생겼을 때. 특별한 일이 있을 때.
유산 끼칠 遺 낳을 産 국어	죽은 사람이 남겨 놓은 재산.
유색인 있을 有 빛 色 사람 人 국어	황색, 동색, 흑색 따위의 유색의 피부를 가진 사람(백인 이외의 인종).
유서 말미암을 由 실마리 緒 국어	사물이 유래한 단서.

144

유성 생식 있을 有 성품 性 날 生 번성할 殖	과학	암·수 생식 세포의 결합에 의해 새로운 개체를 만드는 방법.
유수 그윽할 幽 가둘 囚	사회	사람을 잡아 가둠.
유수지 놀 遊 물 水 못 池	사회	홍수가 나면 물을 일시적으로 저장하여 하천의 수량을 조절하는 천연 또는 인공의 저수지.
유신 바 維 새 新	사회	모든 걸 고쳐 새롭게 함.
유실 흐를 流 잃을 失	과학	물에 떠내려가 없어짐.
유언 끼칠 遺 말씀 言	국어	죽음에 이르러 남기는 말.
유연 무리 類 인연 緣	과학	생물체 상호간의 형상·성질 등에 유사한 관계가 있어, 그 차이에 연고가 있는 것.
유연성 부드러울 柔 연할 軟 성품 性	국어	부드럽고 연한 성질. 또는 그 정도.
유의점 머무를 留 뜻 意 점 點	국어	잊지 않고 마음에 새겨두어야 할 부분.
유인 꾈 誘 당길 引	국어	꾀 내어 끌어들임.

ㅇ

145

유인원 무리 類 사람 人 원숭이 猿	과학	여러 면에서 인간과 비슷한 포유류. 인류의 조상이라고 봄.
유장 멀 悠 길 長	국어	길고 오램.
유적 끼칠 遺 발자취 跡	사회	건축물이나 전쟁이 있었던 옛터.
유제품 젖 乳 지을 製 물건 品	가정	우유를 가공하여 만든 식품. 버터·치즈·분유 따위.
유조선 기름 油 구유 槽 배 船	사회	유조를 갖추고 석유 따위를 운반하는 배.
유조직 부드러울 柔 짤 組 짤 織	과학	식물체의 대부분을 구성하는 부드러운 세포들로 이루어진 조직.
유출 흐를 流 날 出	국어	밖으로 흘러 나감.
유통 흐를 流 통할 通	사회	상품 등이 생산자에서 소비자·수요자에 도달하기까지 여러 단계에서 교환·분배 되는 활동.
유포 흐를 流 베 布	사회	세상에 널리 퍼짐. 또는 세상에 널리 퍼뜨림.
유한 소수 있을 有 한계 限 작을 小 셈할 數	수학	한계가 있는 소수.

146

| 유해
끼칠 遺 뼈 骸
<small>과학</small> | 죽은 사람의 몸이나 뼈. |

| 유행어
흐를 流 다닐 行 말씀 語
<small>국어</small> | 한 시기에 신기한 어감을 띠고 여러 사람들 사이에 많이 쓰이는 말. |

| 유향소
머무를 留 시골 鄕 장소 所
<small>사회</small> | 고려 말부터 조선 때의 수령(守令)의 자문 기관. |

| 육로
뭍 陸 길 路
<small>국어</small> | 육상의 길. |

| 육류
고기 肉 무리 類
<small>가정</small> | 먹을 수 있는 짐승의 고기 종류. |

| 육식
고기 肉 밥 食
<small>국어</small> | 짐승의 고기를 먹음 |

| 육종
기를 育 씨 種
<small>국어</small> | 재배 식물이나 사육 동물을 유전적으로 개량하여 이용 가치가 더욱 높은 품종으로 만들어 내는 것. |

| 육하원칙
여섯 六 어찌 何 근원 原 법칙 則
<small>국어</small> | 기사 작성의 여섯 가지 기본 요소. 곧, '누가, 언제, 어디서, 무엇을, 어떻게, 왜' 를 일컫는 말. |

| 윤리
인륜 倫 다스릴 理
<small>가정</small> | 사람이 마땅히 행하거나 지켜야 할 도리. |

| 윤전기
바퀴 輪 구를 轉 기계 機
<small>국어</small> | 대량·고속으로 인쇄하는 것을 목적하는 인쇄기. |

ㅇ

147

율동 법 律 움직일 動	일정한 규칙에 따라 움직임. 일정한 때마다 변환하여 움직임.
융기 높을 隆 일어날 起	지각의 특정 부분이 주변보다 높게 올라오는 현상.
융해 화할 融 풀 解	녹아서 풀어짐.
융화 화할 融 될 化	열에 녹아서 전혀 다른 물질로 변화함.
은사 은혜 恩 스승 師	가르친 선생님을 높여 이르는 말.
은어 숨길 隱 말씀 語	특정 집단에서 비밀 유지를 위해 만들어 낸 말.
은연중 숨길 隱 그러할 然 가운데 中	은연한 가운데. 남 모르는 가운데.
은인자중 숨길 隱 참을 忍 스스로 自 무거울 重	마음속으로 참고 견디며 몸가짐을 조심함.
은폐 숨길 隱 덮을 蔽	가리어 숨김. 덮어 감춤.
은하수 은 銀 강 河 물 水	맑게 갠 날 밤, 흰 구름 모양으로 남북으로 길게 보이는 별무리.

은혜 은혜 恩 은혜 惠	고맙게 베풀어주는 혜택.
음계 소리 音 계단 階	음악에 사용되는 음을 어떤 한 음으로부터 차례로 늘어놓은 것.
음료수 마실 飮 헤아릴 料 물 水	갈증을 풀거나 맛을 즐기기 위하여 만든 물.
음미 읊을 吟 맛 味	사물의 내용이나 속뜻을 깊이 새기어 맛봄.
음색 소리 音 빛 色	발음체가 소리를 낼 때, 사람에 따라 달리 들리는 소리의 특성.
음성 언어 소리 音 소리 聲 말씀 言 말씀 語	음성에 의하여 표현·이해되는 언어.
음식 마실 飮 밥 食	사람이 먹을 수 있도록 만든 것.
음악 소리 音 풍류 樂	소리의 가락으로 나타내는 예술. 성악과 기악이 있음.
음역 소리 音 지경 域	목소리나 악기 소리의 최고음과 최저음의 사이.
음운 소리 音 운 韻	언어의 외형을 구성하는 음성, 곧 언어에 사용되는 음성.

ㅇ

음절 소리 音 마디 節	국어	단어 또는 단어의 일부를 이루는 발음의 단위.
음정 소리 音 단위 程	음악	높이가 다른 음 사이의 간격.
음파 소리 音 물결 波	과학	물결처럼 퍼지는 소리.
응결 엉길 凝 맺을 結	과학	한데 엉겨 뭉침.
응고 엉길 凝 굳을 固	국어	엉겨 뭉쳐 딱딱하게 됨.
응시 엉길 凝 볼 視	국어	한참 동안 뚫어지게 자세히 봄.
응회암 엉길 凝 재 灰 바위 巖	과학	화산재가 엉겨서 만들어진 암석.
의거 옳을 義 들 擧	국어	정의를 위하여 일으키는 큰일.
의견 뜻 意 볼 見	국어	어떤 일에 대하여 마음속에 지니고 있는 생각.
의결 의논할 議 결정할 決	사회	의논하여 결정하는 일.

의기소침 뜻 意 기운 氣 녹일 銷 잠길 沈	기운을 잃고 풀이 죽음. 의욕을 잃고 기가 꺾인다는 말.

의기양양 뜻 意 기운 氣 오를 揚 오를 揚	바라던 대로 되어, 아주 자랑스럽게 행동하는 모양.

의기투합 뜻 意 기운 氣 던질 投 합할 合	서로 마음이 맞음.

의미심장 뜻 意 맛 味 깊을 深 길 長	글이나 말의 뜻이 썩 깊음.

의사 옳을 義 선비 士	의로운 뜻이 있는 지사. 국가와 민족을 위하여 순국한 애국 열사.

의사 소통 뜻 意 생각할 思 트일 疏 통할 通	생각이나 뜻이 서로 막히지 않고 잘 통함.

의식 뜻 意 알 識	깨어 있을 때의 마음의 작용이나 상태.

의심 의심할 疑 마음 心	확실하지 않아 이상하게 생각함. 또는 그런 마음.

의약재 의원 醫 약 藥 재목 材	의료에 쓰이는 약품의 재료.

의용군 옳을 義 날쌜 勇 군사 軍	국가나 사회의 위급을 구하기 위해 민간인으로 조직된 군대.

ㅇ

의존 의지할 依 있을 存	국어	도움을 받으며 의지함
의태어 헤아릴 擬 모양 態 말씀 語	국어	사물의 모양이나 태도를 흉내 내어 만든 말.
이기작 두 二 기약할 期 지을 作	사회	1년에 두 번 벼농사를 짓는 일.
이당류 두 二 사탕 糖 무리 類	과학	두 개의 당이 결합하여 구성된 탄수화물.
이면 속 裏 얼굴 面	국어	겉으로 드러나지 않은 속내나 속사정.
이목 옮길 移 칠 牧	사회	계절에 따라 장소를 옮겨 다니며 가축을 기르는 것. 여름에는 서늘한 산지로 올라가고, 겨울에는 평지로 내려오는 방식으로 가축을 기름.
이사 옮길 移 옮길 徙	국어	살던 곳에서 다른 곳으로 살림을 옮김.
이상 다스릴 理 생각할 想	국어	각자가 생각할 수 있는 범위 안에서 가장 좋다고 생각되는 상태.
이송 옮길 移 보낼 送	국어	다른 데로 옮겨 보냄.
이수 신 履 닦을 修	국어	차례를 밟아 학과를 공부하여 마침.

이식 옮길 移 심을 植	사회	사람들이 이동하여 문화를 퍼뜨림.
이양 옮길 移 사양할 讓	사회	남에게 넘겨주는 것.
이양선 다를 異 모양 樣 배 船	사회	모양이 다른 배라는 뜻으로, 조선 후기에 우리나라 연해에 접근한 외국 배를 일컫는 말.
이왕지사 이미 已 갈 往 갈 之 일 事	국어	이미 지나간 일이라는 말.
이유 다스릴 理 말미암을 由	국어	결과를 이룬 까닭이나 근거.
이유기 떠날 離 젖 乳 기약할 期	국어	젖을 떼거나 젖이 떨어지는 시기.
이윤 이로울 利 젖을 潤	사회	장사하고 남은 돈. 이익.
이익 집단 이로울 利 더할 益 모일 集 둥글 團	사회	이익을 얻으려는 목적으로 뭉친 집단.
이진법 두 二 나아갈 進 법 法	수학	두 개의 숫자 0과 1을 가지고 수를 나타내는 방법. 예를 들면, 1은 1, 2는 10, 3은 11, 4는 100으로 씀.
이질화 다를 異 바탕 質 될 化	국어	바탕이 달라짐. 또는 달라지게 함.

○

2차 산업 두 二 버금 次 낳을 産 업 業	사회	건설업·광업·제조업 등 원자재를 가공·정제하는 산업.
이해 다스릴 理 풀 解	국어	사리를 깨달아서 앎.
익명 숨을 匿 이름 名	국어	이름을 숨김.
인간 사람 人 사이 間	국어	사람. 인류.
인격 사람 人 격식 格	사회	사람이 사람으로서의 가치를 갖는 데에 필요한 정신적 자격. 사람의 품격.
인구 밀도 사람 人 입 口 빽빽할 密 법도 度	사회	단위 면적에 대한 인구의 비율. 보통 1km² 안의 인구 수로 나타냄.
인내 참을 忍 견딜 耐	국어	괴로움이나 어려움을 참고 견딤.
인내천 사람 人 이에 乃 하늘 天	사회	천도교의 교리로 사람이 곧 하늘이라는 말.
인도교 사람 人 길 道 다리 橋	국어	사람이나 자동차가 다니도록 놓은 다리.
인두세 사람 人 머리 頭 구실 稅	사회	가족의 수에 따라 내는 세금.

인력 당길 引 힘 力	공간적으로 떨어진 물체끼리 서로 끌어당기는 힘.
인수 인할 因 셈할 數	유래가 되는 수.
인수분해 인할 因 셈할 數 나눌 分 풀 解	정수 또는 정식을 몇 개의 가장 간단한 인수의 곱의 형태로 나타내는 일.
인식 알 認 알 識	어떤 일에 대하여 확실히 알고 그 뜻을 바로 깨닫는 일.
인용 당길 引 쓸 用	남의 말이나 글 가운데서 필요한 부분을 끌어다 씀.
인접 이웃 隣 사귈 接	이웃해 있음. 맞닿아 있음.
인정 사람 人 뜻 情	사람이 본래부터 가지고 있는 마음씨.
인조 섬유 사람 人 지을 造 가늘 纖 바 維	인공적으로 만들어 낸 섬유의 총칭.
인지 알 認 알 知	어떤 사실을 인정하여 앎.
인지 도장 印 종이 紙	세금·수수료 등을 낸 것을 증명하기 위해 서류에 붙이는, 정부가 발행한 증표.

ㅇ

인형 사람 人 모양 形	흙 · 나무 · 헝겊 따위로 사람의 모양을 본떠서 만든 장난감.
일교차 날 日 비교할 較 다를 差	기온 · 기압 · 습도 등이 하루 동안에 변하는 차이.
일기도 날 日 기운 氣 그림 圖	어떤 지역의 기압 · 날씨 · 바람 등을 숫자나 기호 따위로 나타낸 그림.
일기 예보 날 日 기운 氣 미리 豫 알릴 報	지상 및 상공의 일기도를 분석하여 그 변화를 예상하고 알리는 일.
일면 한 一 얼굴 面	물체나 사물의 한 면. 또는 일의 한 방면.
일목요연 한 一 눈 目 밝을 瞭 그러할 然	한 번 보고도 환히 알 수 있을 만큼 분명함.
일상 날 日 항상 常	매일매일. 날마다.
일언반구 한 一 말씀 言 반 半 글귀 句	한 마디의 말과 한 구절의 반이라는 뜻으로, 아주 짧은 말.
일정 날 日 단위 程	그날의 한 일. 또는 그 분량 · 순서.
1차 산업 한 一 버금 次 낳을 産 업 業	자연을 상대하여 원재료를 생산 · 채취하는 산업.

일탈
달아날 逸 벗을 脫

_{사회} 어떤 사상이나 조직, 규범 등에서 벗어나는 것.

일편단심
한 一 조각 片 붉을 丹 마음 心

_{국어} 한 조각 붉은 마음. 곧, 진심에서 우러나오는 변치 않는 마음.

일화
달아날 逸 말할 話

_{국어} 세상에 널리 알려지지 않은 이야기.

일확천금
한 一 잡을 攫 일천 千 쇠 金

_{국어} 힘들이지 않고 단번에 많은 재물을 얻음.

일회용
한 一 돌 回 쓸 用

_{국어} 한 번 쓰고 버리도록 된 것.

임금
품팔이 賃 쇠 金

_{사회} 근로자가 노동의 대가로 받는 보수.

임기응변
임할 臨 기계 機 응할 應 변할 變

_{국어} 그때그때 처한 형편에 맞추어 일을 알맞게 처리함.

임산물
수풀 林 낳을 産 만물 物

_{국어} 산림에서 나는 물품.

임진왜란
북방 壬 별 辰 왜국 倭 어지러울 亂

_{사회} 1592년부터 1598년까지 2차에 걸쳐 우리 나라에 쳐들어온 일본과의 싸움.

입간판
설 立 볼 看 널빤지 板

_{국어} 벽 등에 기대어 놓든가 길가에 세워 두는 간판.

ㅇ

입법 설 立 법 法	사회	법을 제정하는 것.
입선 들 入 가릴 選	국어	출품한 물건이 심사 표준 권내에 들어 뽑힘.
입적 들 入 서적 籍	국어	호적에 넣음.
입체감 설 立 몸 體 느낄 感	미술	입체를 보는 것과 같은 느낌.
입체 도형 설 立 몸 體 그림 圖 모양 形	수학	삼차원의 공간에 부피를 가진 여러 가지 도형.
입학 들 入 배울 學	국어	공부하기 위해 학교에 들어가 학생이 됨.
입헌군주국 설 立 법 憲 임금 君 주인 主 나라 國	사회	군주의 권력이 헌법에 따라 일정한 제약을 받는 정치 형태.
입헌주의 설 立 법 憲 주인 主 옳을 義	사회	입헌 정치의 체제를 이상으로 하고 이것의 성장·실현을 꾀하는 주의.
잉여 남을 剩 남을 餘	국어	다 쓰고 난 나머지.
잉태 아이밸 孕 아이밸 胎	국어	아이를 뱀.

자강불식
스스로 自 굳셀 強 아니 不 숨쉴 息
국어

부지런히 몸과 마음을 가다듬고 수양하는 데 쉬지 않고 힘씀.

자격루
스스로 自 칠 擊 샐 漏
사회

조선 세종 때, 물이 흐르는 것을 이용하여 스스로 시간을 쳐서 알리도록 만든 시계. 물시계.

자궁
아들 子 집 宮
과학

태아가 자라는 집.

자급
스스로 自 줄 給
사회

필요한 것을 자기 힘으로 마련해서 씀.

자급자족
스스로 自 줄 給 스스로 自 발 足
사회

자기의 수요를 자기가 생산하여 충당함.

자긍심
스스로 自 자랑할 矜 마음 心
국어

제 스스로 긍지를 가지는 마음.

자기력
자석 磁 기운 氣 힘 力
과학

자석의 서로 끌고 미는 힘. 또는 이와 같은 종류의 힘.

자립
스스로 自 설 立
국어

자기의 힘으로 해 나감.

자만심
스스로 自 게으를 慢 마음 心
국어

자기 스스로 뽐내어 자랑하는 마음. 거만한 마음.

ㅈ

159

자명종 스스로 自 울 鳴 쇠북 鐘	국어	시간에 맞추어 저절로 울려 시간을 알리는 시계.
자문 물을 諮 물을 問	사회	일을 올바르게 처리하기 위해 전문가에게 의견을 물음.
자발적 스스로 自 쏠 發 과녁 的	국어	남이 시키거나 요청하지 않아도 자기 스스로 행하는 것.
자본가 재물 資 근본 本 집 家	사회	생산 수단으로 자본을 소유하고 노동자를 고용하여 이윤을 얻는 사람.
자비 사랑 慈 슬플 悲	사회	남을 사랑하고 가엾게 여김.
자부 아들 子 아내 婦	국어	며느리.
자서전 스스로 自 차례 敍 전할 傳	국어	자기가 쓴 자신의 전기.
자성 자석 磁 성품 性	과학	자기를 띤 물체가 나타내는 성질.
자신 스스로 自 믿을 信	국어	자기의 능력이나 가치 또는 어떤 일의 보람에 대하여 자기 스스로 믿음.
자아 스스로 自 나 我	국어	자기 자신에 관한 각 개인의 의식 또는 관념.

자연권 스스로 自 그러할 然 권세 權 _{사회}	인간이 태어날 때부터 가지는 천부의 권리.
자웅 동체 암컷 雌 수컷 雄 한가지 同 몸 體 _{과학}	암·수의 생식 기관이 모두 한 개체에 있는 동물.
자웅 이체 암컷 雌 수컷 雄 다를 異 몸 體 _{과학}	암·수의 생식 기관이 각각 서로 다른 개체에 있는 동물.
자원 재물 資 근원 原 _{기술}	자연에서 얻어지는 여러 가지 물자. 자료의 근원.
자원 민족주의 재물 資 근원 源 백성 民 계레 族 주인 主 옳을 義 _{사회}	자원 보유국들이 선진국에 의존하는 개발에서 벗어나 자원에 대한 주권의 확보와 경제적 자립을 이루겠다는 주장.
자연 재해 스스로 自 그러할 然 재앙 災 해칠 害 _{사회}	예상하지 못한 자연의 변화 모습으로 인해 발생한 피해.
자유 무역 스스로 自 말미암을 由 바꿀 貿 바꿀 易 _{사회}	국가가 외국과 무역에 아무런 제한을 가하지 않고, 보호나 장려도 하지 않는 무역 정책.
자음 아들 子 소리 音 _{국어}	발음할 때, 혀·이·구강·입술 등의 발음 기관에 의해 호흡이 제한되어 나는 소리.
자음 동화 아들 子 소리 音 한가지 同 될 化 _{국어}	자음과 자음이 만나면, 서로 영향을 주고받아 한쪽이나 양쪽 모두 비슷한 소리로 바뀌는 것.
자음 축약 아들 子 소리 音 다스릴 縮 묶을 約 _{국어}	두 자음이 합쳐져서 하나의 음운이 됨.

ㅈ

161

자음 탈락
아들 子 소리 音 벗을 脫 떨어질 落

발음을 부드럽게 하기 위하여, 어느 자음 하나를 줄이는 현상.

자의성
방자할 恣 뜻 意 성품 性

일정한 원칙이나 법칙이 없이 제멋대로 되거나 이루어지는 성질.

자전
스스로 自 구를 轉

지구가 하루에 한 바퀴씩 스스로 도는 현상.

자전거
스스로 自 구를 轉 수레 車

탄 사람이 양발로 페달을 밟아 바퀴를 돌려서 앞으로 나아가게 만든 탈것.

자초지종
스스로 自 처음 初 이를 至 끝날 終

처음부터 끝까지 이르는 동안. 또는 그 사실.

자치권
스스로 自 다스릴 治 권세 權

지방이나 단체가 행정 사무를 스스로 처리할 수 있는 권리.

자태
맵시 姿 모양 態

몸가짐이나 맵시. 모양이나 모습.

자화상
스스로 自 그림 畵 형상 像

자기가 그린 자신의 초상화.

작고
지을 作 옛 故

'사망'의 경칭.

작당
지을 作 무리 黨

떼를 지음. 무리를 이룸.

162

작도 지을 作 그림 圖	수학	어떠한 조건에 알맞은 기하학적 도형을 그리는 일.
작열 사를 灼 더울 熱	국어	열을 받아서 뜨거워짐.
잔설 해칠 殘 눈 雪	국어	녹다 남은 눈. 녹지 않고 남은 눈.
잠박 누에 蠶 발 箔	국어	누에를 치는 데에 쓰는 채반.
잠시 잠깐 暫 때 時	국어	짧은 시간. 오래지 않은 동안.
잠식 누에 蠶 밥 食	국어	한쪽에서부터 점차 조금씩 먹어 들어감.
잠재력 잠길 潛 있을 在 힘 力	국어	겉으로 나타나지 않고 속에 잠겨 있는 힘.
잡목 섞일 雜 나무 木	국어	대수롭지 아니한 여러 가지 나무.
잡식성 섞일 雜 밥 食 성품 性	국어	동물성 먹이와 식물성 먹이의 양쪽을 다 먹는 동물의 습성.
잡지 섞일 雜 기록할 誌	국어	때를 일정하게 지켜 계속하여 펴내는 책.

ㅈ

163

장거 씩씩할 壯 들 擧	국어	장하고 큰일. 크나큰 계획이나 거사(擧事).
장단 길 長 짧을 短	국어	곡조의 느리고 빠름. 또는 느리고 빠른 정도를 음률적으로 나타내는 박자.
장면 마당 場 얼굴 面	국어	어떤 일이 벌어지는 광경.
장물 장물 贓 만물 物	국어	범죄 행위로 부당하게 얻은 남의 물건.
장미 장미 薔 고비 薇	국어	장미과의 낙엽 관목. 오뉴월에 여러 빛깔의 고운 꽃이 핌.
장사 장사지낼 葬 일 事	국어	시체를 묻거나 화장하는 일.
장점 길 長 점 點	국어	좋은 점. 보다 뛰어난 점.
장학사 권면할 獎 배울 學 선비 士	국어	장학관의 아래로 교육의 지도·조사와 감독에 관한 사무를 맡아 보는 교육 공무원.
장화 길 長 신 靴	국어	목이 무릎까지 올라오는 가죽신이나 고무신.
재건 두번 再 튼튼할 建	국어	다시 일으켜 세움.

164

재래종 있을 在 올 來 씨 種	국어	어느 지방에서 오랜 세월에 걸쳐 다른 품종과 교배되지 않고 재배되거나 길러 오던 품종.
재료 재목 材 헤아릴 料	기술	물건을 만드는 데 드는 원료.
재물 재물 財 만물 物	국어	돈이나 그 밖에 값나가는 물건.
재변 재앙 災 변할 變	국어	재앙으로 인하여 생기는 변고.
재색 재주 才 빛 色	국어	여자의 재주와 용모. 고운 얼굴.
재생 두번 再 날 生	기술	버리게 된 물건을 다시 살려서 쓰게 만듦.
재앙 재앙 災 재앙 殃	국어	자연계에 일어나는 불행한 변고.
재택근무 있을 在 집 宅 부지런할 勤 일 務	사회	날마다 직장에 출근하지 않고 자기 집에서 근무하는 것.
재활용 두번 再 살 活 쓸 用	가정	본래의 기능을 살려서 잘 이용함.
저수지 쌓을 貯 물 水 못 池	사회	인공으로 둑을 쌓아 물을 모아 두는 못.

ㅈ

165

| 저술 나타날 著 지을 述 | 국어 | 글을 지어 책을 만듦. |

| 저의 밑 底 뜻 意 | 국어 | 속으로 작정한 뜻. |

| 저작 씹을 咀 씹을 嚼 | 과학 | 음식물을 입에 넣고 씹음. |

| 저작권 나타날 著 지을 作 권세 權 | 기술 | 무체 재산권의 하나. 저작물을 독점적으로 저작가가 이용하든지 또는 타인에게 이를 허락하는 재산상 및 인격상의 권리. |

| 저지 막을 抵 그칠 止 | 국어 | 막아서 그치게 함. |

| 저지대 밑 低 땅 地 띠 帶 | 사회 | 평지보다 낮은 지대의 땅. |

| 저항 막을 抵 막을 抗 | 기술 | 전류의 흐름을 방해하는 정도를 나타내는 수. 전압을 전류로 나눈 값으로 나타냄. |

| 저항권 막을 抵 막을 抗 권세 權 | 사회 | 국민의 기본권을 침해하는 부당한 국가 권력에 대하여 복종을 거부하거나 실력 행사를 통하여 저항할 수 있는 국민의 권리. |

| 적개심 원수 敵 성낼 愾 마음 心 | 국어 | 적을 증오하고 분노하는 마음. |

| 적막 고요할 寂 쓸쓸할 寞 | 국어 | 쓸쓸하고 고요함. |

| 적성
갈 適 성품 性 | 가정 | 무엇에 알맞은 성질. 특정한 일에 대한 각 개인의 적응 능력. |

| 적조 현상
붉을 赤 조수 潮 나타날 現 코끼리 象 | 과학 | 주로 바닷물에 플랑크톤이 너무 많이 번식되어 붉게 보이는 현상. |

| 전각
전자 篆 새길 刻 | 미술 | 나무 · 돌 · 금속 · 옥 따위에 인장을 새김. |

| 전갈
전할 傳 꾸짖을 喝 | 사회 | 사람을 시켜서 남의 안부를 묻거나 말을 전함. |

| 전개도
펼 展 열 開 그림 圖 | 수학 | 펼쳐 놓은 모양을 나타낸 그림. 즉, 펼친 그림. |

| 전기
번개 電 기운 氣 | 기술 | 빛과 열을 내고 여러 가지 기계를 움직이게 하는 에너지. |

| 전기력
번개 電 기운 氣 힘 力 | 과학 | 대전체(帶電體) 사이에 작용하는 전기의 힘. |

| 전달
전할 傳 이를 達 | 국어 | 전하여 이르게 함. |

| 전답
밭 田 논 畓 | 국어 | 논과 밭. |

| 전류
번개 電 흐를 流 | 과학 | 전기를 띤 입자들의 흐름. 전위가 다른 두 물질을 도선으로 이을 때에 전기가 그 도선을 따라 흐르는 현상. |

ㅈ

전망 펼 展 바랄 望	국어	앞날을 미리 내다 봄. 또는 앞날에 있어서의 일의 형세.

전망대 펼 展 바랄 望 돈대 臺	국어	멀리 바라볼 수 있도록 높이 만든 대.

전매 오로지 專 팔 賣	사회	어떤 물건을 독점하여 팖.

전모 온전할 全 얼굴 貌	국어	전체의 모양.

전무후무 앞 前 없을 無 뒤 後 없을 無	국어	전에도 없었고 앞으로도 있을 수 없다는 말.

전문 앞 前 글월 文	국어	앞에 쓰는 글.

전문화 오로지 專 문 門 될 化	국어	전문적으로 됨. 전문적으로 하게 됨.

전설 전할 傳 말씀 說	국어	예전부터 전하여 오는 이야기. 사물·장소 등과 관련하여 전해지는 경우가 많다.

전신주 번개 電 믿을 信 기둥 柱	국어	전선이나 통신선을 늘여 매기 위하여 세운 기둥.

전압 번개 電 누를 壓	과학	전기의 압력. 전류를 흐르게 하려면 도선 속의 전하들에게도 물의 압력차에 해당하는 것이 있어야 하는데, 전압이 이러한 역할을 함.

전언 전할 傳 말씀 言	국어	말을 전함. 또는 그 말.
전원 번개 電 근원 源	기술	전류가 오는 원천.
전유물 오로지 專 있을 有 만물 物	국어	공동 소유가 아닌 어느 한 개인의 소유물.
전자 상거래 번개 電 아들 子 헤아릴 商 갈 去 올 來	사회	인터넷 통신망을 이용해 상품을 사고 파는 행위.
전쟁 싸울 戰 다툴 爭	국어	나라와 나라 사이의 싸움.
전전긍긍 싸울 戰 싸울 戰 삼갈 兢 삼갈 兢	국어	두려워 벌벌 떨며 삼가고 조심하는 모습의 비유.
전제 오로지 專 마를 制	사회	국가 권력을 개인이 장악하고 개인의 의사에 의해 모든 일을 처리하는 것.
전제 왕권 오로지 專 마를 制 임금 王 권세 權	사회	왕이 자신의 의사에 따라 모든 일을 결정하고 처리하는 권한을 가졌다는 뜻으로, 권력이 왕에게 집중되었음을 의미함.
전조등 앞 前 비출 照 등잔 燈	기술	열차·자동차 등의 앞에 단 등.
전축 번개 電 쌓을 蓄	국어	음반의 홈을 따라 바늘이 돌면서 받는 진동을 전류로 바꾸어 이것을 증폭하여 확성기로 확대하여 소리를 재생하는 장치.

ㅈ

전파 전할 傳 뿌릴 播	국어	전하여 널리 퍼짐. 또는 퍼뜨림.
전하 번개 電 연 荷	과학	전기 현상을 일으키는 원인.
전후 싸울 戰 뒤 後	국어	전쟁이 끝난 후.
절개 마디 節 대개 槪	국어	신념·신의를 굽히지 않고 지키는 굳건한 마음이나 태도.
절박 끊을 切 닥칠 迫	국어	일이나 사정이 다급하여 여유가 없음.
절반 꺾을 折 반 半	국어	하나를 둘로 똑같이 나눔. 또는 그 반.
절연체 끊을 絶 인연 緣 몸 體	과학	열이나 전기를 잘 전달하지 않는 물체.
절조 마디 節 잡을 操	국어	절개와 지조.
절지 동물 마디 節 사지 肢 움직일 動 만물 物	과학	다리에 마디가 있고 외골격을 가진 동물.
절차 마디 節 버금 次	국어	일의 순서나 방법.

절편 끊을 截 조각 片	수학	축에 끊겨서 생기는 부분.
절필 끊을 絕 붓 筆	국어	붓을 놓고 다시는 글을 안 씀.
점성술 차지할 占 별 星 재주 術	사회	별로써 점치는 복술.
점심 점 點 마음 心	국어	낮에 끼니로 먹는 음식.
점자 점 點 글자 字	국어	시각 장애인용 글자.
접사 사귈 接 말씀 辭	국어	어떤 단어나 어간에 첨가되어 새 단어를 이루게 하는 말.
접속어 사귈 接 이을 續 말씀 語	국어	문장과 문장, 단락과 단락을 글의 흐름에 맞게 이어주는 문장 성분.
접촉 사귈 接 닿을 觸	과학	맞붙어 닿음.
접합 사귈 接 합할 合	과학	상동 염색체가 동원체를 중심으로 근접해 있는 상태.
정간보 우물 井 사이 間 계보 譜	음악	음의 길이를 정확히 표시할 수 있는 특징을 가진 옛날 악보.

ㅈ

171

정기 자세할 精 기운 氣	국어	만물을 생성하는 원기. 생명의 원천이 되는 원기.
정류장 머무를 停 머무를 留 마당 場	국어	버스나 전차가 손님이 오르내리도록 머무는 곳.
정물화 고요할 靜 만물 物 그림 畵	미술	정물을 소재로 하여 그린 그림.
정변 정사 政 변한 變	사회	합법적인 수단에 의하지 않는 정권자의 변동.
정보 뜻 情 알릴 報	국어	정세에 관한 자세한 소식, 또는 그 내용이나 자료.
정보화 사회 뜻 情 알릴 報 될 化 모일 社 모일 會	사회	전자 계산기의 급속한 발달 및 이의 고도 이용에 의하여 정보의 유통·축적·가공이 질적으로 변화한 사회를 일컬음.
정비 가지런할 整 갖출 備	기술	뒤섞이거나 헝클어진 것을 정리하여 바로 갖춤.
정비례 바를 正 견줄 比 법식 例	수학	한 양이 얼마만큼 커지면 다른 양도 그와 같은 비(比)로 그만큼 커지는 일.
정서 뜻 情 실마리 緒	가정	어떤 일을 겪거나 생각할 때에 일어나는 온갖 감정.
정수 가지런할 整 셈할 數	수학	하나 또는 그것을 하나씩 차례로 더하여 이루어지는 자연수 또는 이에 대응하는 음수 및 0의 통칭.

172

정신 자세할 精 귀신 神	국어	생각이나 감정 등을 지배하는 마음의 능력.
정원수 뜰 庭 동산 園 나무 樹	국어	정원에 심어서 가꾸는 나무.
정자 정자 亭 아들 子	국어	산수가 좋은 곳에 놀거나 쉬기 위해 지은 작은 집.
정적 고요할 靜 고요할 寂	국어	아무 소리 없이 고요함.
정전기 고요할 靜 번개 電 기운 氣	과학	쉽게 움직이지 않고 머물러 있는 전기.
정착 정할 定 붙을 着	국어	한 곳에 자리 잡음.
정책 정사 政 채찍 策	국어	나라를 다스리는 목표나 방법.
정처 정할 定 살 處	국어	정한 곳. 일정한 처소.
정체 머무를 停 막힐 滯	과학	사물이 한 곳에 머물러 그침. 머물러 체류함.
정평 정할 定 평할 評	국어	모든 사람이 다 같이 인정하는 평판.

ㅈ

정화 깨끗할 淨 될 化	사회	불순하거나 더러운 것을 깨끗하게 함.
제동 마를 制 움직일 動	기술	운동을 멈추게 하거나 속력을 떨어지게 함.
제막식 덜 除 장막 幕 법 式	국어	동상·기념비 따위를 완공하고 행하는 의식.
제방 방죽 堤 막을 防	사회	홍수의 예방이나 저수를 목적으로 둘레를 높이 쌓은 언덕.
제정 마를 制 정할 定	국어	제도 따위를 만들어 정함.
제정 임금 帝 정사 政	사회	제왕의 정치.
제정일치 제사 祭 정사 政 한 一 보낼 致	사회	제사종교와 정치가 일치하는 것.
제작 지을 製 지을 作	기술	재료를 가지고 물건을 만듦.
제재 마를 制 마를 裁	사회	국가가 법규를 위반한 사람에 대하여 처벌이나 금지 따위를 함.
제천 행사 제사 祭 하늘 天 다닐 行 일 事	사회	하늘에 제사를 지내는 일.

174

제초제	덜除 풀草 지을劑	국어	농작물을 해치지 않고 잡초만의 생성(生成)을 없애는 약제.
제품	지을製 물건品	기술	원료를 가지고 만들어 낸 물건.
제해권	마를制 바다海 권세權	사회	무력으로 바다를 지배하여, 군사·통상·항해 등에 관하여 해상에서 가지는 권력.
조경 수역	조수潮 경계境 물水 지경域	과학	서로 성질이 다른 해수들이 접하는 경계.
조공	아침朝 바칠貢	사회	종주국에게 속국이 때맞추어 예물로 물건을 바치던 일.
조도	비출照 온도度	기술	빛을 받는 면의 단위 면적이 단위 시간에 받는 빛의 양.
조력 발전	조수潮 힘力 쏠發 번개電	사회	조수의 간만의 차를 이용하는 수력 발전.
조례	가지條 법식例	사회	지방 의회가 법령의 범위 내에서 그 지방의 사무에 관해 제정하는 규정.
조류	새조鳥 무리類	과학	새무리를 이르는 말.
조류	조수潮 흐를流	과학	밀물과 썰물로 인하여 일어나는 바닷물의 흐름.

ㅈ

조립 짤 組 설 立	기술	여러 부품을 하나의 구조물로 짜 맞춤.
조립질 짤 組 알 粒 바탕 質	과학	규칙적으로 큰 알갱이들로 구성된 것.
조매화 새 鳥 중매 媒 꽃 花	과학	새에 의해 수분이 이루어지는 꽃.
조명 비출 照 밝을 明	기술	무대 효과를 높이기 위하여 무대에 광선을 비추는 일.
조반상 아침 朝 밥 飯 상 床	국어	아침밥을 차린 상.
조사 도울 助 말씀 詞	국어	체언이나 부사 따위의 아래에 붙어서 다른 말과의 관계를 나타내거나 또는 그 말의 뜻을 도와주는 품사.
조산대 지을 造 뫼 山 띠 帶	사회	조산 운동이 있었던 지대.
조산운동 지을 造 뫼 山 돌 運 움직일 動	사회	심한 습곡(褶曲)이나 단층이 일어나 산맥이나 높은 산지를 만드는 것과 같은 지각 운동.
조석 조수 潮 조수 汐	과학	바닷물이 하루에 두 번씩 주기적으로 높아졌다 낮아지는 현상.
조세 구실 租 구실 稅	사회	국가나 지방 자치 단체가 그 필요한 경비를 쓰기 위해 국민으로부터 징수하는 돈.

조소 새길 彫 토우 塑	미술	조각과 소조를 아울러 이르는 말.
조암 광물 지을 造 바위 巖 쇳돌 鑛 만물 物	과학	암석을 만드는 광물.
조약 가지 條 묶을 約	사회	국가 간 또는 국가와 국제기구 사이의 문서에 의한 합의.
조언 도울 助 말씀 言	국어	옆에서 말을 덧붙여 도움. 또는 그 말.
조조할인 새벽 早 아침 朝 나눌 割 끌 引	사회	극장에서 오전에 입장하는 사람에게 요금을 깎아 주는 것.
조차 구실 租 빌릴 借	사회	특별한 합의에 따라 어떤 나라가 다른 나라 영토의 일부를 빌려, 일정 기간 통치하는 일.
조형 지을 造 모양 形	미술	형상·형태를 이루어 만듦.
조화 고를 調 화할 和	국어	서로 잘 어울리게 함.
조흔판 가지 條 흉터 痕 널빤지 板	과학	광물을 긁었을 때 나뭇가지 모양의 흔적이 남는 초벌구이 자기판.
존문 높을 尊 문 門	국어	상대편의 가문을 높이어 일컫는 말.

ㅈ

졸작		
졸할 拙 지을 作	국어	자기 작품의 겸칭.

종교화		
마루 宗 가르칠 教 그림 畵	미술	종교에 관계되는 인물, 또는 전례 등을 주제로 하여 신앙의 대상으로서 그려진 그림.

종류		
씨 種 무리 類	국어	물건의 같은 것과 다른 것을 각각 부문을 따라서 나눈 갈래.

종법		
마루 宗 법 法	사회	같은 씨족끼리 본가와 분가의 관계를 정한 약속.

종자식물		
씨 種 아들 子 심을 植 만물 物	과학	꽃이 피어 암술의 밑씨가 수술의 꽃가루를 받아 종자를 만들어 번식하는 식물.

좌우지간		
왼 左 오른쪽 右 갈 之 사이 間	국어	이렇든 저렇든 간에. 어떻게 되든지 간에.

좌표		
자리 座 표할 標	수학	점의 위치를 나타내는 수나 수의 짝.

주관		
주인 主 대롱 管	국어	어떤 일을 책임지고 관리함.

주권		
주인 主 권세 權	사회	국가 구성의 요소로서 최고·독립·절대의 권력.

주권 재민		
주인 主 권세 權 있을 在 백성 民	사회	나라의 주권이 국민에게 있음.

주기 돌 週 기약할 期	과학	같은 현상이나 특징이 되풀이되는 데 걸리는 시간.
주둔 머무를 駐 진칠 屯	국어	군대가 어떤 지역에 머무름.
주렴 구슬 珠 발 簾	국어	구슬을 꿰어 만든 발.
주류 주인 主 흐를 流	사회	어떤 조직이나 단체에서 영향력이 가장 강한 세력.
주막 술 酒 장막 幕	국어	시골의 길가에서 술과 밥을 팔고, 나그네도 재우는 집.
주모자 주인 主 꾀할 謀 사람 者	국어	우두머리가 되어 나쁜 짓을 꾸미는 사람.
주번 돌 週 차례 番	국어	한 주간마다 바꾸어 하는 근무.
주변 두루 周 가 邊	국어	둘레의 가장자리. 부근.
주성분 주인 主 이룰 成 나눌 分	국어	문장의 중심을 이루는 필수적인 성분. 주어 · 서술어 · 목적어 · 보어를 말함.
주안상 술 酒 책상 案 상 床	가정	술과 안주를 차린 상.

ㅈ

주야장천 낮 晝 밤 夜 길 長 내 川	^{국어} 밤낮으로 쉬지 않고 잇따라서. 언제나. 늘이라는 말.
주어 주인 主 말씀 語	^{국어} 한 문장의 주체가 되는 말.
주위 두루 周 둘레 圍	^{국어} 어떤 곳의 바깥 둘레.
주장 주인 主 베풀 張	^{국어} 자기의 생각을 내세움.
주재 머무를 駐 있을 在	^{국어} 한곳에 머물러 있음.
주저 머뭇거릴 躊 머뭇거릴 躇	^{국어} 머뭇거리며 망설임.
주제 주인 主 제목 題	^{국어} 주요한 제목. 주장이 되는 문제.
주조 주물 鑄 지을 造	^{기술} 쇠를 녹여 기물을 만듦.
죽부인 대 竹 지아비 夫 사람 人	^{사회} 대나무를 길고 둥글게 엮어 만든 것으로 더운 여름밤에 끼고 자면 시원함.
죽순 대 竹 죽순 筍	^{국어} 대의 땅속줄기에서 돋아나는 어리고 연한 싹.

준수		규칙 · 명령 등을 그대로 좇아서 지킴.
좇을 遵 지킬 守	사회	

준칙		표준으로서 적용할 규칙.
법도 準 법칙 則	국어	

중간권		고도 약 50~80km까지의 대기층. 성층권과 열권의 사이에 해당함.
가운데 中 사이 間 우리 圈	과학	

중계 무역		다른 나라로부터 사들인 물자를 그대로 제3국에 수출하는 형식의 무역.
가운데 中 이을 繼 바꿀 貿 바꿀 易	사회	

중독		어떤 사상이나 사물에 젖어 버려 정상적으로 실물을 판단할 수 없는 상태.
가운데 中 독 毒	국어	

중력		지구 위의 물체가 지구로부터 받는 힘.
무거울 重 힘 力	과학	

중복 수정		속씨식물에서 2개의 정핵이 각각 난세포, 극핵과 결합하여 2번 수정이 이루어지는 것.
무거울 重 겹칠 複 받을 受 자세할 精	과학	

중상주의		한 나라의 부(富)는 그 나라 안에 있는 화폐나 금 · 은의 많고 적음에 따른다고 하여, 상공업을 중시하고 국산품의 수출을 장려하는 경제 정책.
무거울 重 헤아릴 商 주인 主 옳을 義	사회	

중장비		토목이나 건설 공사 등에 쓰이는 무겁고 큰 기계나 차 따위를 통틀어 이르는 말.
무거울 重 꾸밀 裝 갖출 備	국어	

중창		두 사람 이상이 각각 다른 성부를 한 성부씩 맡아 부르는 것으로 여성 또는 남성끼리 노래하는 일.
무거울 重 노래 唱	음악	

ㅈ

중추 신경
가운데 中 지도리 樞 귀신 神 지날 經
충추적인 역할을 하는 신경.

중학교
가운데 中 배울 學 학교 校
초등 교육을 마친 사람에게, 중등 보통 교육을 베푸는 학교.

중화학 공업
무거울 重 될 化 배울 學 장인 工 업 業
금속공업 · 기계공업 등의 중공업과 화학 공업을 통틀어 일컫는 말.

즉석식품
곧 卽 자리 席 밥 食 물건 品
그 자리에서 손쉽게 조리해 먹을 수 있도록 만들어진 식품.

즉석요리
곧 卽 자리 席 헤아릴 料 다스릴 理
그 자리에서 만들어 먹는 요리.

즐비
빗 櫛 견줄 比
많은 것이 빗살처럼 가지런하고 빽빽함.

증거
증거 證 들 據
어떤 사실을 증명할 수 있는 근거.

증기 기관
찔 蒸 기운 氣 기계 機 빗장 關
수증기의 압력을 이용하여 피스톤을 왕복 운동시킴으로써 동력을 얻는 기관.

증류
찔 蒸 물방울 溜
액체를 가열하여 생긴 증기를 냉각시켜 다시 액화하여 성분을 분리 정제함.

증발
찔 蒸 쏠 發
액체가 그 표면으로부터 기체로 변하여 달아나는 현상.

증빙	국어	사실로서 신빙성 있게 증명함. 또는 사실을 증명할 근거.
증거 證 기댈 憑		

증설	국어	시설이나 설비 등을 늘려 설치함.
더할 增 베풀 設		

증후군	국어	몇몇의 증후가 늘 함께 인정이 되나 그 원인이 불명할 때 또는 단일이 아닐 때에 병명(病名)에 준하는 명칭.
증세 症 물을 候 무리 群		

지각	사회	지구를 둘러싼 껍데기 층.
땅 地 껍질 殼		

지구 온난화	사회	화석 연료 소비 증가에 따라 대기 중에 이산화탄소·메탄가스·프레온 가스 등 온실 효과를 증대시키는 기체가 증가함에 따라 지구의 평균 기온이 올라가는 현상.
땅 地 공 球 따뜻할 溫 따뜻할 暖 될 化		

지구의	사회	지구를 본떠 만든 작은 모형.
땅 地 공 球 거동 儀		

지구촌	사회	지구를 하나의 마을로 비유하여 이르는 말.
땅 地 공 球 마을 村		

지도	사회	지구 표면의 일부, 또는 전부를 축척에 의하여 평면상에 나타낸 그림.
땅 地 그림 圖		

지동설	사회	태양은 우주의 중심에 정지해 있고, 지구는 그 둘레를 자전하면서 공존하고 있다는 학설.
땅 地 움직일 動 말씀 說		

지방색	국어	한 지방에 특별한 자연이나 인정·풍속 등 그 지방의 특색.
땅 地 모 方 빛 色		

ㅈ

지사 뜻 志 선비 士	국어	고매한 뜻을 품은 사람. 국가·사회를 위해 몸을 바치려는 사람.
지수 손가락 指 셈할 數	수학	어떤 수 또는 문자의 오른쪽 위에 덧붙어 그 거듭제곱을 나타내는 문자 또는 숫자.
지시어 손가락 指 보일 示 말씀 語	국어	앞 문장에서 언급된 것을 지시함.
지음 알 知 소리 音	국어	마음이 서로 통하는 친한 벗.
지적 재산권 알 知 과녁 的 재물 財 낳을 産 권세 權	사회	산업 재산권이나 저작권 등 인간의 지적 생산에 대한 재산권.
지중해성 기후 땅 地 가운데 中 바다 海 성품 性 기운 氣 물을 候	사회	여름에는 덥고 건조하며, 겨울에는 온난하여 여름보다 비가 더 많이 오는 기후.
지진 땅 地 벼락 震	사회	땅 속의 어떤 힘에 의하여 크게 울리고 갈라지는 현상.
지척 길이 咫 자 尺	국어	서로 떨어져 있는 사이가 아주 가까운 거리.
지체 늦을 遲 막힐 滯	국어	늦잡죄어 기일에 뒤짐. 지정거려서 늦어짐.
지침 손가락 指 바늘 針	국어	생활이나 행동의 방법. 방향을 인도하여 주는 길잡이.

184

지피지기 알 知 저 彼 알 知 자기 己 ^{국어}	자기와 상대방의 정황에 대해서 잘 알고 있다는 뜻으로, 적의 형편도 잘 알고 자기의 형편도 잘 알고 있음.

지하 자원 땅 地 아래 下 재물 資 근원 源 ^{사회}	지하에 묻혀 있는 광산물 자원. 곧 석유·철광 등.

지협 땅 地 골짜기 峽 ^{사회}	두 대륙을 연결하는 잘록하고 좁다란 땅으로, 육지 양쪽에 바다가 접근하여 육지가 매우 좁게 나타남.

지형 땅 地 모양 形 ^{사회}	땅의 생긴 모양. 지표의 형태.

지혜 슬기 智 지혜 慧 ^{국어}	사물의 이치를 밝히고 옳은 것과 그른 것, 선한 것과 악한 것을 구별하는 능력.

직류 곧을 直 흐를 流 ^{과학}	회로 가운데를 늘 일정한 방향으로 흐르는 전류. 전류의 세기와 방향을 일정하게 유지하여 흐르는 전류.

직립 보행 곧을 直 설 立 걸음 步 다닐 行 ^{사회}	뒷다리만 사용하여 등을 곧바로 세우고 걸어 다님.

직설적 곧을 直 말씀 說 과녁 的 ^{국어}	바른대로 말하는 것.

직업 벼슬 職 업 業 ^{가정}	일자리. 생활을 꾸려 나가기 위하여 매일 하는 일.

직전법 곧을 直 밭 田 법 法 ^{사회}	과전의 일부가 세습되면서 관리에게 지급할 토지가 부족하게 되자, 현직 관리에게만 토지를 지급하도록 한 제도.

ㅈ

직접 곧을 直 사귈 接	국어	곧바로, 중간에 다른 것을 끼우거나 거치지 않고 바로 접촉되는 관계.
진공 참 眞 빌 空	과학	공기가 없는 공간.
진동 떨칠 振 움직일 動	과학	흔들려 움직임.
진동수 떨친 振 움직일 動 셈할 數	과학	1초 동안 같은 상태가 반복되는 횟수.
진로 나아갈 進 길 路	가정	앞으로 나아가는 길.
진상 참 眞 서로 相	국어	사물의 참된 모습.
진수성찬 보배 珍 바칠 羞 담을 盛 반찬 饌	국어	맛이 좋고 푸짐하게 차린 음식.
진실성 참 眞 열매 實 성품 性	국어	진실로서의 성질. 참된 성질.
진열대 늘어놓을 陳 벌일 列 돈대 臺	국어	물품을 진열해 놓도록 만든 대.
진열장 늘어놓을 陳 벌일 列 장롱 欌	국어	상점에서 상품을 벌여 놓은 장.

| 진자
떨친 振 아들 子 | _{과학} | 실에 매달아 왕복 운동을 할 수 있도록 만든 물체. |

| 진찰
볼 診 살필 察 | _{국어} | 병의 원인과 증상 등을 살펴봄. |

| 진취성
나아갈 進 이룰 就 성품 性 | _{국어} | 적극적으로 나아가 일을 이루고 발전할 수 있는 요소나 성질. |

| 진화
나아갈 進 될 化 | _{국어} | 일이나 사물이 점점 발달해 감. |

| 진화론
나아갈 進 될 化 말할 論 | _{사회} | 생물은 살아남기 위해 환경에 적응하는 과정에서 점차 진화한다는 다윈의 학설. |

| 질량
바탕 質 헤아릴 量 | _{과학} | 물체가 갖는 물질의 양. |

ㅈ

| 질풍
병 疾 바람 風 | _{국어} | 대단히 빠르게 부는 바람. |

| 집약
모일 集 묶을 約 | _{국어} | 한 데 모아서 요약함. |

| 집중 호우
모일 集 가운데 中 호걸 豪 비 雨 | _{사회} | 짧은 시간 동안 비가 집중적으로 많이 내리는 현상. |

| 집합
모일 集 합할 合 | _{수학} | 특정한 조건에 맞는 것을 한 무리로 하여 생각한 전체. |

187

집회
모일 集 모일 會

어떠한 목적으로 여러 사람이 모임.

징벌
혼낼 懲 벌줄 罰

장래를 경계하기 위해 벌을 과함.

징조
부를 徵 조짐 兆

미리 보이는 조짐.

징표
부를 徵 표할 標

어떤 사물을 다른 사물과 구별하여 특징짓는 지표가 되는 것.

차부
수레 車 지아비 夫

마차 · 우차 · 달구지 같은 것을 부리는 사람.

차설
또 且 말씀 說

화제를 돌려 말할 때, 그 첫머리에 쓰는 말.

차이점
이긋날 差 다를 異 점 點

차이가 나는 점.

차입
어긋날 差 들 入

교도소나 구치소에 갇힌 사람에게 옷 · 음식 · 돈 따위를 들여보냄.

착시
섞일 錯 볼 視

착각으로 인하여 무엇을 잘못 봄.

착항
붙을 着 항구 港

선박이 항구에 닿음. 또는 닿을 항구.

찬가
기릴 讚 노래 歌

찬양 · 찬미의 뜻을 표한 노래.

찬동
도울 贊 한가지 同

찬성하여 동의함.

찬미
기릴 讚 아름다울 美

아름다운 것을 기림. 아름다운 것을 기리어 칭송함.

찬사	
기릴 讚 말씀 辭	_{국어} 칭찬하거나 찬양하는 말이나 글.

찬정	
뚫을 鑽 우물 井	_{사회} 산지의 빗물이 지하로 스며들어 불투수층 위에 고이게 되는 데, 이 곳에 구멍을 뚫어 물이 저절로 솟아나게 하는 것.

찬탄	
기릴 讚 탄식할 嘆	_{국어} 칭찬하여 드러내 감탄함.

참담	
참혹할 慘 편안할 憺	_{국어} 참혹하고 암담함.

참작	
간여할 參 따를 酌	_{국어} 이리저리 비교해 보고 알맞게 헤아림.

참정권	
간여할 參 정사 政 권세 權	_{사회} 국민이 국정에 직접 또는 간접으로 참여하는 권리.

창시자	
비롯할 創 처음 始 사람 者	_{국어} 일을 맨 처음 시작하거나 내세운 사람.

창씨개명	
비롯할 創 성 氏 고칠 改 이름 名	_{국어} 일제가 강제로 우리 나라 사람의 이름을 일본식으로 고치게 한 일.

창의력	
비롯할 創 뜻 意 힘 力	_{국어} 새로운 생각을 해내는 능력.

창작	
비롯할 創 지을 作	_{음악} 새로운 것을 처음으로 만듦.

창졸간
창고 倉 군사 卒 사이 間

국어 급작스러운 동안.

창출
비롯할 創 날 出

국어 처음으로 생각하여 만들어 내거나 지어 냄.

창포
창포 菖 부들 蒲

국어 창포과에 속하는 여러해살이풀.

창피
미쳐날뜰 猖 나눌 披

국어 낯이 깎이거나 아니꼬움을 당한 부끄럼.

채광
캘 採 빛 光

기술 햇빛 등을 받아들여 실내를 밝게 함.

채록
캘 採 기록할 錄

국어 채집하여 기록함. 또는 그 기록.

채소
나물 菜 푸성귀 蔬

가정 밭에 가꾸어 먹는 온갖 푸성귀.

채집
캘 采 모일 集

사회 식물 · 동물 따위의 표본을 캐거나 잡아서 모음.

책망
꾸짖을 責 바랄 望

국어 허물을 들어 꾸짖거나 나무람.

책상
책 冊 평상 床

국어 책을 읽거나 글씨를 쓸 때, 받치고 쓰는 상.

ㅊ

책상 조직 울타리 柵 형상 狀 짤 組 짤 織	과학	세포가 울타리처럼 질서 정연하게 배열되어 있는 조직.
처가 아내 妻 집 家	국어	아내의 본집.
처사 살 處 선비 士	국어	세상 밖에 나서지 않고 조용히 묻혀 사는 선비.
처신 살 處 몸 身	국어	살아감에 있어 가져야 할 몸가짐이나 행동.
처용무 살 處 얼굴 容 춤출 舞	음악	신라 헌강왕 때 지어 궁중의 나례나 중요한 연례에 추어 온 탈춤의 하나.
처지 살 處 땅 地	국어	자기가 놓여 있는 경우나 환경.
척도 자 尺 법도 度	기술	자로 재는 길이의 표준.
척박 파리할 瘠 엷을 薄	사회	땅이 몹시 메마르고 기름지지 못함.
척수 등성마루 脊 골수 髓	과학	등골뼈 안에 들어 있는 회백색의 물질.
척추 동물 등성마루 脊 망치 椎 움직일 動 만물 物	과학	몸을 지탱하는 척추가 있는 동물.

192

척화비 물리칠 斥 화할 和 비석 碑 사회	조선 말에 흥선대원군이 양이(洋夷)를 배척할 것을 새기어 여러 곳에 세운 비.
천거 천거할 薦 들 擧 사회	인재를 어떤 자리에 추천하는 일.
천국 하늘 天 나라 國 국어	천상에 있다는 이상적인 세계.
천도 옮길 遷 도읍 都 사회	도읍을 옮김.
천문학 하늘 天 글월 文 배울 學 국어	우주의 구조, 천체의 본바탕 · 운동 · 크기 등에 대하여 관찰 · 연구하는 학문.
천방지축 하늘 天 모 方 땅 地 굴대 軸 국어	어리석은 사람이 종작없이 덤벙대는 일을 이르는 말.
천시 천할 賤 볼 視 국어	천하게 여김.
천신만고 일천 千 매울 辛 일만 萬 쓸 苦 국어	마음과 힘을 한없이 수고롭게 하여 애를 씀.
천연 섬유 하늘 天 그러할 然 가늘 纖 바 維 가정	솜 · 삼 껍질 · 명주실 · 털 등과 같은 천연물의 세포로 된 섬유.
천일염 하늘 天 날 日 소금 鹽 사회	염전에서 바닷물을 끌어들여 햇볕과 바람으로 수분을 증발시켜 만든 소금.

ᄎ

천자만홍 일천 千 자주빛 紫 일만 萬 붉을 紅	_{국어}	여러 가지 울긋불긋한 빛깔이라는 뜻으로, 여러 가지 빛깔의 꽃이 만발함.
천지 하늘 天 못 池	_{국어}	백두산 정상에 있는 큰 못.
천지신명 하늘 天 땅 地 귀신 神 밝을 明	_{국어}	천지의 여러 신을 이르는 말.
천체 하늘 天 몸 體	_{과학}	우주 공간에 있는 모든 물체.
천체 망원경 하늘 天 몸 體 바랄 望 멀 遠 거울 鏡	_{과학}	우주 공간의 천체를 관측하기 위한 도구.
철근 쇠 鐵 힘줄 筋	_{국어}	콘크리트 속에 엮어 넣는 가늘고 긴 철봉.
철수 거둘 撤 거둘 收	_{국어}	거두어들이거나 걷어치움.
철환 바퀴자국 轍 고리 環	_{국어}	수레를 타고 온 세상을 돌아다님.
첨단 산업 뾰족할 尖 바를 端 낳을 産 업 業	_{사회}	가장 앞선 기술이 적용되는 산업. 현재는 컴퓨터, 정보 처리, 산업 로봇, 우주 항공, 생명 공학 등이 해당됨.
첨병 뾰족할 尖 군사 兵	_{국어}	맨 앞에서 경계·수색을 하는 임무를 맡은 병사나 소부대.

첩첩산중
겹쳐질 疊 겹쳐질 疊 뫼 山 가운데 中

<small>국어</small> 첩첩이 겹친 산 속.

청각
들을 聽 깨달을 覺

<small>과학</small> 귀청이 울려 나는 감각.

청각적
들을 聽 깨달을 覺 과녁 的

<small>국어</small> 귀를 통해 소리를 듣는 듯한 느낌.

청과물
푸를 靑 실과 果 만물 物

<small>국어</small> 신선한 과실과 채소.

청소년
푸를 靑 적을 少 해 年

<small>가정</small> 청년과 소년. 젊은이.

청정 수역
맑을 淸 깨끗할 淨 물 水 지경 域

<small>사회</small> 해양 자원을 보호하고 연안 양식 지역에서 발생하는 해수 오염을 방지하기 위하여 설정한 지역.

청첩장
청할 請 문서 牒 문서 狀

<small>국어</small> 경사가 있을 때, 남을 청하는 글발.

체내 수정
몸 體 안 內 받을 受 자세할 精

<small>과학</small> 몸 안에서 수정이 이루어지는 것.

청년
푸를 靑 해 年

<small>국어</small> 젊은 사람. 특히 남자를 말함.

청사진
푸를 靑 베낄 寫 참 眞

<small>국어</small> 미래에 대한 희망적인 계획이나 구상.

ㅊ

청상 푸를 靑 과부 孀	<small>국어</small> 나이가 젊은 과부.

청소 맑을 淸 쓸 掃	<small>국어</small> 깨끗이 쓸고 닦음.

청아 맑을 淸 아담할 雅	<small>국어</small> 맑고 아담함.

청원 청할 請 원할 願	<small>국어</small> 일이 이루어지도록 청하고 원함.

체득 몸 體 얻을 得	<small>국어</small> 몸소 체험하여 터득함.

체류 막힐 滯 머무를 留	<small>국어</small> 객지에 가서 머물러 있음.

체벌 몸 體 벌줄 罰	<small>국어</small> 몸에 직접 고통을 주는 벌.

체세포 몸 體 가늘 細 태보 胞	<small>과학</small> 생물체를 구성하고 생활 작용을 영유하는 모든 세포.

체언 몸 體 말씀 言	<small>국어</small> 명사 · 대명사 · 수사를 총칭하는 문법상 분류의 하나. 조사의 도움을 받아 문장의 주어로 쓰이며, 활용하지 않음.

체온 조절 몸 體 따뜻할 溫 고를 調 마디 節	<small>과학</small> 주위의 온도가 변하면 체내에서의 열 발생량과 체외로의 열 발산량을 조절함으로써 체온을 일정하게 함.

| 체외 수정 | 몸體 밖外 받을受 자세할精 | 과학 | 몸 밖에서 수정이 이루어지는 것. |

체외 수정
몸體 밖外 받을受 자세할精
과학

몸 밖에서 수정이 이루어지는 것.

체육복
몸體 기를育 옷服
국어

체육을 할 때 입는 간편한 옷.

초과 공급
넘을超 지날過 이바지할供 줄給
사회

수요량보다 초과된 공급량.

초근목피
풀草 뿌리根 나무木 가죽皮
국어

풀뿌리와 나무껍질이란 뜻으로, 곡식이 없어 산나물 따위로 만든 험한 음식.

초례청
초례醮 예도禮 관청廳
국어

혼인 예식을 치르는 곳.

초상
닮을肖 형상像
국어

사진·그림·조각 따위로 나타낸 어떤 사람의 얼굴.

초상
처음初 죽을喪
국어

사람이 죽어서 장사지내기까지의 일.

초상화
닮을肖 형상像 그림畫
미술

사람의 얼굴이나 모습을 그대로 본떠서 그린 그림.

초음파
넘을超 소리音 물결波
과학

진동수가 매초 2만 Hz 이상이고 소리로는 들리지 않는 음파.

초인적
넘을超 사람人 과녁的
국어

보통 사람으로서는 생각할 수 없을 만큼 뛰어난 것.

ㅊ

초입
처음 初 들 入

국어

골목 등으로 들어가는 어귀.

초충도
풀 草 벌레 蟲 그림 圖

미술

동양화에서, 풀과 벌레를 그린 그림.

촉각
닿을 觸 깨달을 覺

국어

피부가 온도나 아픔을 느끼는 감각.

촉각적
닿을 觸 깨달을 覺 과녁 的

국어

피부에 닿는 듯한 느낌.

촌로
마을 村 늙을 老

국어

시골에 사는 늙은이.

총독
거느릴 總 살필 督

사회

정치 · 경제 · 군사의 모든 통치권을 가진 식민 통치 기구의 우두머리.

최대 공약수
가장 最 큰 大 공변될 公 묶을 約 셈할 數

수학

공약수 중 가장 큰 수.

최소 공배수
가장 最 작을 小 공변될 公 곱 倍 셈할 數

수학

공배수 중 가장 적은 정수.

추대
옮을 推 일 戴

국어

윗사람으로 떠받듦.

추상화
뽑을 抽 코끼리 象 될 化

국어

추상적인 것으로 만들거나 되거나 함.

추억 쫓을 追 생각할 憶	국어	지나간 일을 돌이켜 생각함. 또는 그 생각.
추재 가을 秋 재목 材	기술	늦여름부터 늦가을까지 형성되는 목질 부분.
추출 뺄 抽 날 出	과학	많은 것 중에서 빼냄.
축복 빌 祝 복 福	국어	앞으로의 행복을 빎.
축조 쌓을 築 지을 造	국어	다지고 쌓아서 만듦.
축지법 다스릴 縮 땅 地 법 法	국어	도술(道術)에 의해 지맥(地脈)을 줄이어 먼 거리를 가깝게 하는 술법.
축척 다스릴 縮 자 尺	사회	실제 거리를 지도상에 줄여서 나타낸 비율.
축출 쫓을 逐 날 出	국어	쫓아내거나 몰아 냄.
춘앵전 봄 春 꾀꼬리 鶯 지저귈 囀	음악	조선 순조 때, 효명세자가 지은 궁중 춤의 하나.
춘재 봄 春 재목 材	기술	봄철에서 여름철에 걸쳐 형성되는 목질부(木質部).

ㅊ

199

출생률 날 出 날 生 비율 率	사회	인구 1000명당 한 해 동안 태어나는 아기 수.
출아법 날 出 싹 芽 법 法	과학	몸에서 싹이 나와서 자라 분리되는 생식 방법.
출원 날 出 원할 願	국어	원서나 신청서를 제출함.
출처 날 出 살 處	국어	사물 또는 소문 등이 생기거나 나온 근거.
출품 날 出 물건 品	국어	전람회·전시회 같은 곳에 물건·작품을 내놓음.
충매화 벌레 蟲 중매 媒 꽃 花	과학	곤충에 의해 수분이 이루어지는 꽃.
충분 찰 充 나눌 分	국어	분량이 넉넉하여 모자람이 없음.
충실 충성 忠 열매 實	사회	충성스럽고 성실함.
충적지 빌 沖 쌓을 積 땅 地	사회	흙이나 모래가 물에 실려와 쌓여서 이루어진 땅.
충전 찰 充 번개 電	기술	축전기나 축전지 따위에 전기를 축전함.

200

| 충혈
찰充 피血 | 국어 | 어느 국부 조직의 혈관 속을 흐르는 혈액의 양이 많아진 상태. |

| 취급
취할取 미칠及 | 국어 | 사물을 다룸. 다루어 처리함. |

| 취사선택
취할取 버릴捨 가릴選 가릴擇 | 국어 | 취할 것은 취하고 버릴 것은 버려서 골라잡음. |

| 취조
취할取 고를調 | 국어 | 범죄 사실 등을 속속들이 조사함. |

| 취타
불吹 칠打 | 음악 | 군중(軍衆)에서 나발·소라 따위를 불고 징·북 등을 치던 군악. |

| 취향
달릴趣 향할向 | 국어 | 하고 싶은 마음이 쏠리는 방향. |

| 측우기
잴測 비雨 그릇器 | 사회 | 비가 내린 양을 재던 기구. |

| 치료
다스릴治 병고칠療 | 국어 | 병이나 다친 데를 고치기 위하여 손을 씀. 병을 다스려 낫게 함. |

| 치매
어리석을癡 어리석을呆 | 국어 | 언어 동작이 느리고 정신 작용이 완전하지 못함. |

| 치미
소리개鴟 꼬리尾 | 사회 | 지붕의 용마루 양쪽 끝에 붙이는 대형 장식 기와. |

치성	국어	신이나 부처에게 정성을 드림.
보낼 致 정성 誠		

치외 법권	사회	다른 나라의 영토 안에 있으면서 그 나라 통치권의 지배를 받지 아니하는 국제법상의 권리.
다스릴 治 밖 外 법 法 권세 權		

치중	국어	어떤 곳에 중점을 둠.
둘 置 무거울 重		

치하	국어	남의 경사에 대해 축하 · 칭찬의 뜻을 표함.
보낼 致 하례할 賀		

치환	수학	계산의 편리함을 위해 바꾸어 둠.
둘 置 바꿀 換		

칙명	국어	천자의 명령. 임금의 명령.
조서 勅 목숨 命		

친근	국어	서로 정이 두터워 사이가 매우 가까움.
친할 親 가까울 近		

친숙	국어	친하여 서로 허물이 없음.
친할 親 익을 熟		

칠기	국어	옻칠을 한 나무 그릇. 혹은 옻칠같이 검은 잿물을 입힌 도자기.
옻 漆 그릇 器		

침강	사회	지각 일부가 아래쪽으로 움직이거나 꺼지는 현상.
잠길 沈 내릴 降		

침묵
잠길 沈 잠잠할 默

아무 말 없이 가만히 있음.

침식
담글 浸 좀먹을 蝕

하천·바람 등에 의하여 땅과 암석이 깎이는 작용.

침엽수
바늘 針 잎 葉 나무 樹

잎이 바늘같이 생긴 나무를 통틀어 이르는 말.

침통
침 鍼 대롱 筒

침을 넣어 두는 작은 통.

쾌적
쾌할 快 갈 適

심신에 알맞아 기분이 썩 좋음.

ㅊ

타개책
칠 打 열 開 꾀 策

타개할 방책이나 대책.

타당성
온당할 妥 마땅할 當 성품 性

이치에 들어맞는 성질.

타원형
길쭉할 楕 둥글 圓 모양 形

길고 둥근 모양.

탄생
태어날 誕 날 生

사람이 태어남. 특히 귀한 사람에게 씀.

탄성
탄알 彈 성품 性

활에 힘을 가했다가 힘을 제거하면 본래의 모양으로 되돌아오는 것과 같이 변형된 물체가 다시 원래의 상태로 되돌아오는 성질.

탄수화물
숯 炭 물 水 될 化 만물 物

탄소·수소·산소로 이루어진 화합물로서 그 중 산소와 수소의 비율이 물과 같은 조성을 갖는 화합물의 총칭.

탄식
읊을 歎 숨쉴 息

한숨을 쉬며 한탄함. 또는 그런 한숨.

탈수기
벗을 脫 물 水 기계 機

세탁 따위를 할 때, 물기를 제거하는 데 쓰는 기계.

탈환
빼앗을 奪 돌아올 還

도로 빼앗음.

탐관오리
탐할 貪 벼슬 官 더러울 汚 관리 吏
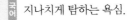
국어 탐욕이 많고 행실이 깨끗하지 못한 관리.

탐욕
탐낼 貪 욕심 慾
국어 지나치게 탐하는 욕심.

탐조등
찾을 探 비출 照 등잔 燈
국어 밤에 무엇을 비추기 위하여 멀리까지 비치게 된 조명 장치.

탕평책
쓸어버릴 蕩 평평할 平 채찍 策
사회 붕당 간의 심한 대립을 막기 위해 각 당파에서 고르게 인재를 등용하던 정책.

태권도
밟을 跆 주먹 拳 길 道
국어 손기술과 발기술 등으로 상대방과 겨루는 우리나라 고유의 무술.

태양
클 太 볕 陽
과학 하늘에 떠 있는 해를 다르게 부르는 이름.

태연
클 太 그러할 然
국어 놀랄 만한 일을 당하여도 동요 없이 침착함.

태평성대
클 太 평평할 平 성인 聖 대신할 代
국어 어진 임금이 다스리는 태평한 세상이나 시대.

태풍
태풍 颱 바람 風
사회 북태평양 남서부에서 발생하여 동북 아시아 내륙으로 불어닥치는 폭풍우.

터득
펼 攄 얻을 得
국어 스스로 생각하여 이치를 깨달아 알아냄.

ㅌ

205

토론 칠 討 말할 論	_{국어}	서로 비평하면서 의논함.
토양 흙 土 흙 壤	_{과학}	흙. 또는 농작물 등이 생장할 수 있는 흙.
토의 칠 討 의논할 議	_{국어}	어떤 문제에 대하여 여러 사람이 의견을 내놓고 의논함.
토착민 흙 土 붙을 着 백성 民	_{사회}	대대로 그 지방에서 살고 있는 주민.
통념 통할 通 생각할 念	_{국어}	일반 사회에 널리 통하는 개념. 일반에 통하는 전체적 관념.
통도 조직 통할 通 길 道 짤 組 짤 織	_{과학}	식물의 이동 통로가 되는 조직.
통용 통할 通 쓸 用	_{국어}	일반에 두루 쓰임. 또는 두루 씀.
통일 거느릴 統 한 一	_{국어}	한데 뭉치어 하나가 됨.
통제 거느릴 統 마를 制	_{국어}	일정한 방침에 따라 제한하거나 제약함.
통탄 아플 痛 읊을 歎	_{국어}	몹시 탄식함.

| 통풍
통할 通 바람 風 | 기
술 | 바람을 통하게 함. 공기가 잘 드나들 수 있게 함. |

| 통학
통할 通 배울 學 | 국
어 | 자기 집에서 학교에 다니며 수학(修學)하는 일. |

| 퇴각
물러날 退 물리칠 却 | 국
어 | 뒤로 물러남. |

| 퇴보
물러날 退 걸음 步 | 국
어 | 정도나 수준이 이제까지의 상태보다 뒤떨어지거
나 못하게 됨. |

| 퇴장
물러날 退 마당 場 | 국
어 | 어떤 장소에서 물러남. |

| 퇴적
언덕 堆 쌓을 積 | 사
회 | 많이 덮쳐 쌓임. 또는 많이 덮쳐 쌓음. |

| 퇴적암
언덕 堆 쌓을 積 바위 巖 | 과
학 | 퇴적물이 바다나 호수 밑에 쌓인 후 단단히 굳어
져서 생긴 암석. |

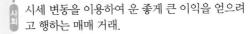

| 퇴치
물러날 退 다스릴 治 | 국
어 | 물리쳐서 아주 없애 버림. |

| 투고
던질 投 원고 稿 | 국
어 | 신문 · 잡지 · 논문집 따위에 실을 원고를 보냄. |

| 투기
던질 投 기계 機 | 사
회 | 시세 변동을 이용하여 운 좋게 큰 이익을 얻으려
고 행하는 매매 거래. |

투명
통할 透 밝을 明

 속까지 환히 트여 맑음.

투명성
통할 透 밝을 明 성품 性

 정부의 정책 결정과 서비스의 제공이 공식적인 절차를 통해 공개적으로 이루어지는 것.

투옥
던질 投 옥 獄

국어 감옥에 넣음.

투쟁
싸움 鬪 다툴 爭

국어 상대방을 이기려고 다투는 것.

특강
특별할 特 익힐 講

국어 특별히 베푸는 강의.

특산물
특별 特 낳을 産 만물 物

국어 어떤 지방의 특별한 산물.

파괴 깨뜨릴 破 무너질 壞	국어	깨뜨리어 헐어 버림.

파동 물결 波 움직일 動	과학	물결의 움직임.

파랑 물결 波 물결 浪	사회	바람과 기압의 변화에 의해 발생하는 바다의 물결.

파렴치 깨뜨릴 破 청렴할 廉 부끄러울 恥	국어	염치를 모르고 뻔뻔스러움. 수치를 수치로 알지 아니함.

파면 물결 波 얼굴 面	과학	파동에서 매질의 위치가 같은 점들을 이어서 만든 선 또는 면.

파멸 깨뜨릴 破 멸망할 滅	사회	깨어져 멸망함.

파문 깨뜨릴 破 문 門	국어	신도로서의 자격을 빼앗고 내쫓는 일. 특히 크리스트 교에서 공식적으로 행하던 일.

파산 깨뜨릴 破 낳을 産	사회	재산을 모두 잃어버리고 망함.

파생어 물갈래 派 날 生 말씀 語	국어	복합어의 한 가지. 실질 형태소에 접사가 붙어 이루어진 단어.

ㅍ

파연곡
파할 罷 잔치 宴 굽을 曲 _{국어}

연회 등을 마칠 때 부르는 노래.

파장
물결 波 길 長 _{국어}

파동의 마루와 다음 마루까지의, 또는 골과 다음 골까지의 거리.

파출부
물결 派 날 出 며느리 婦 _{국어}

일반 가정으로부터 부탁을 받고, 임시로 출장하여 가사 따위를 돌봐 주는 일종의 시간제 가정부.

파편
깨뜨릴 破 조각 片 _{국어}

산산이 깨어진 조각.

판단
판단할 判 끊을 斷 _{국어}

어느 사물의 진위 · 선악 · 미추 등을 생각하여 정함. 또는 그렇게 정한 내용.

판화
널 版 그림 畵 _{미술}

나무 · 금속 · 돌로 된 판에 그림을 새기고 색을 칠하고, 종이나 천을 대어 찍어낸 그림.

패권
으뜸 覇 권세 權 _{사회}

한 지방이나 부류의 우두머리가 가진 권력.

패배감
패할 敗 달아날 北 느낄 感 _{국어}

경쟁이나 싸움에서 이길 자신이 없이 무력해지는 느낌.

팽압
부풀 膨 누를 壓 _{과학}

세포가 물을 흡수하면 세포의 부피가 커져서 세포벽을 밀어 내는데, 이때 세포벽이 받는 압력.

편리
편할 便 이로울 利 _{기술}

편하고 쉬움.

편서풍 치우칠 偏 서녘 西 바람 風	사회	중위도 지역에서 극지방을 향해 일년 내내 불어오는 바람.
편익 편할 便 더할 益	사회	소비를 함으로써 얻게 되는 이익.
편중 치우칠 偏 무거울 重	국어	한쪽으로 치우침.
편차 치우칠 偏 어긋날 差	국어	일정한 기준에서 벗어난 정도나 크기.
편파적 치우칠 偏 자못 頗 과녁 的	국어	어느 한쪽으로 치우친 것.
편협 치우칠 偏 좁을 狹	국어	도량이나 생각하는 것이 좁고 치우침.
편형동물 넓적할 扁 모양 形 움직일 動 만물 物	과학	몸이 납작하고 편평하고 항문이 없는 동물.
평균 평평할 平 고를 均	국어	적고 많은 것이 없이 고름. 또는 그렇게 함.
평면 도형 평평할 平 얼굴 面 그림 圖 모양 形	수학	평면 위에 있는 도형.
평소 평평할 平 흴 素	국어	보통 때.

ㅍ

| 평야 평평할 平 들 野 | 사회 | 넓게 펼쳐진 들. |

평야
평평할 平 들 野 — 사회 — 넓게 펼쳐진 들.

폐위
폐할 廢 자리 位 — 사회 — 왕의 자리에서 물러나게 함.

폐허
폐할 廢 언덕 墟 — 국어 — 건물·시가·성곽 등의 황폐된 터.

포격
대포 砲 칠 擊 — 국어 — 대포로 사격을 함.

포물선
던질 抛 만물 物 줄 線 — 과학 — 비스듬히 위로 던진 물체가 그리는 궤도.

포배기
태보 胞 아이밸 胚 기약할 期 — 과학 — 배 내부에 빈 공간이 생기는 시기.

포성
대포 砲 소리 聲 — 국어 — 대포를 쏠 때 나는 소리.

포수
대포 砲 손 手 — 국어 — 총으로 짐승을 잡는 사냥꾼.

포승
사로잡을 捕 줄 繩 — 국어 — 죄인을 잡아 묶는 노끈.

포식자
사로잡을 捕 밥 食 사람 者 — 국어 — 먹이 연쇄에서, 잡아먹는 쪽의 동물.

포장 펼 鋪 꾸밀 裝	^{국어}	길바닥에 돌 · 콘크리트 · 아스팔트 따위를 깔아 단단히 다져 꾸미는 일.
포복절도 안을 抱 배 腹 끊을 絶 넘어질 倒	^{국어}	배를 안고 넘어진다는 뜻으로, 너무 우스워서 배를 안고 몸을 가누지 못할 만큼 웃는 웃음.
포부 안을 抱 질 負	^{국어}	마음속에 지닌 생각 · 계획 · 희망이나 자신.
포유동물 먹을 哺 젖 乳 움직일 動 만물 物	^{과학}	포유류에 속하는 동물. 젖먹이 동물.
포자식물 태보 胞 아들 子 심을 植 만물 物	^{과학}	포자에 의하여 번식하는 식물.
포장지 쌀 包 꾸밀 裝 종이 紙	^{국어}	포장에 쓰이는 종이.
포충망 사로잡을 捕 벌레 蟲 그물 網	^{국어}	벌레를 사로 잡는 데 쓰는 자루 모양의 그물.
포함 쌀 包 머금을 含	^{수학}	속에 싸여 있음. 또는 함께 넣음.
포화 물릴 飽 화할 和	^{과학}	무엇에 의해 최대한도까지 가득 차 있는 상태.
폭격 터질 爆 칠 擊	^{국어}	비행기가 폭탄 등을 투하해 적의 전력이나 국토를 파괴함.

폭사 터질 爆 죽을 死	폭탄의 파열로 인하여 죽음.
폭설 드러낼 暴 눈 雪	갑자기 많이 내리는 눈.
폭음 터질 爆 소리 音	화약 · 화산 등이 폭발하는 소리.
폭탄 터질 爆 탄알 彈	금속 용기에 폭약을 채워서 만든 폭발물.
폭포 폭포 瀑 베 布	낭떠러지에서 흘러 떨어지는 물.
포교 베 布 가르칠 敎	종교를 널리 폄.
표방 표할 標 매 榜	어떠한 명목을 붙여 주의 · 주장을 앞에 내세움.
표음 문자 겉 表 소리 音 글월 文 글자 字	사람의 말하는 소리를 그대로 기호로 나타내는 글자.
표정 겉 表 뜻 情	마음속의 생각이나 느낌이 얼굴에 나타난 것.
표제 표할 標 표제 題	서책의 겉에 쓰인 그 책의 이름.

표준시 표할 標 법도 準 때 時	사회	각 나라나 지방에서 사용하는 통일된 표준 시각.
표준어 표할 標 법도 準 말씀 語	국어	한 나라의 표준이 되는 말.
표준 화석 표할 標 법도 準 될 化 돌 石	과학	어떤 시대를 나타내는 대표적인 기준이 되는 화석.
표찰 표할 標 패 札	국어	이름이나 짤막한 좋은 글을 쓴, 종이 · 나무 · 플라스틱 따위로 만든 표.
표출 겉 表 날 出	국어	겉으로 나타냄.
표토 겉 表 흙 土	과학	지표의 맨 위에 쌓인 흙.
표현 겉 表 나타날 現	미술	말 · 글 · 몸짓 등으로 마음속의 생각이나 느낌을 드러내어 나타냄.
품사 물건 品 말씀 詞	국어	언어가 낱말에 쓰이는 구실과 형태에 의한 분류.
풍경화 바람 風 볕 景 그림 畵	미술	자연의 경치를 그린 그림.
풍금 바람 風 거문고 琴	음악	건반 악기의 하나. 페달을 밟아서 바람을 넣어 소리를 냄.

Ⅱ

215

| 풍년
풍년 豊 해 年 | 국어 | 농사가 잘 된 해. |

| 풍매화
바람 風 중매 媒 꽃 花 | 과학 | 바람에 의해 수분이 이루어지는 꽃. |

| 풍속계
바람 風 빠를 速 셈할 計 | 국어 | 풍속을 측정하는 기계. |

| 풍속화
바람 風 풍속 俗 그림 畵 | 사회 | 그 시대의 세정과 풍습을 그린 그림. |

| 풍아
바람 風 이담할 雅 | 국어 | 풍치가 있고 조촐함. |

| 풍자
풍자할 諷 찌를 刺 | 국어 | 무엇에 빗대어 재치 있게 경계하거나 비판함. |

| 풍차
바람 風 막을 遮 | 사회 | 겨울에 추위를 막기 위하여 머리에 쓰는 방한용 두건으로 앞은 이마까지 오고 옆은 귀를 덮게 되었음. |

| 풍채
바람 風 캘 采 | 국어 | 사람의 겉모양. |

| 풍토병
바람 風 흙 土 병들 病 | 사회 | 기후·지질로 인해 생기는 그 지역 특유의 병. |

| 풍향계
바람 風 향할 向 셈할 計 | 과학 | 바람의 방향을 관측하는 기계. |

풍화 바람風 될化	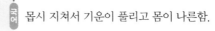 암석이 돌·바람 등에 의해 부서지거나 약해지는 현상으로 이로 인해 토양이 형성됨.
피곤 지칠疲 괴로울困	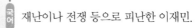 몹시 지쳐서 기운이 풀리고 몸이 나른함.
피난민 피할避 어려울難 백성民	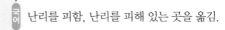 재난이나 전쟁 등으로 피난한 이재민.
피란 피할避 어지러울亂	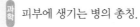 난리를 피함, 난리를 피해 있는 곳을 옮김.
피부병 가죽皮 살갗膚 병들病	 피부에 생기는 병의 총칭.
피서 피할避 더울暑	시원한 곳으로 옮기어 더위를 피함.
피신 피할避 몸身	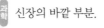 몸을 숨겨 피함.
피질 가죽皮 바탕質	신장의 바깥 부분.
피혁 가죽皮 가죽革	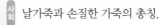 날가죽과 손질한 가죽의 총칭.
핍박 닥칠逼 닥칠迫	심히 억압하여 괴롭게 함.

II

필사적 반드시 必 죽을 死 과녁 的	국어	죽기로 결심하고 있는 모양.
필수 반드시 必 닦을 修	국어	반드시 학습해야 함.
필수품 반드시 必 구할 需 물건 品	국어	사람이 살아가는 데 없어서는 아니 되는 물품.
필연성 반드시 必 그러할 然 성품 性	국어	어떤 사물이 그렇게 될 수밖에 없는 요소나 성질.
필요 반드시 必 구할 要	국어	꼭 소용이 됨. 없어서는 아니 됨.

| 하구
강이름 河 입 口 | 국어 | 강물이 바다로 흘러드는 어귀. |

| 하지
여름 夏 이를 至 | 과학 | 낮이 가장 길고 밤이 가장 짧은 날. |

| 하직
아래 下 곧을 直 | 국어 | 먼 길을 떠날 때 웃어른에게 작별을 고함. |

| 하천
강이름 河 내 川 | 사회 | 시내. 강. |

| 학년
배울 學 해 年 | 국어 | 한 해를 단위로 한 학습 기간의 구분. |

| 학문
배울 學 물을 問 | 국어 | 배우고 익힌 지식. |

| 학부모
배울 學 아비 父 어미 母 | 국어 | 학생의 아버지와 어머니. |

| 학적부
배울 學 서적 籍 장부 簿 | 국어 | 학교에서 학적을 기록한 장부. |

| 한류
찰 寒 흐를 流 | 과학 | 온도가 비교적 차가운 해류의 하나. 대개 극지의 해양에서 나와 대륙을 따라서 적도 쪽으로 흐름. |

ㅎ

한민족
나라 韓 백성 民 겨레 族 _{국어}

한반도 전역에 사는 민족.

한반도
나라 韓 반 半 섬 島 _{국어}

반도로 이루어진 우리 나라를 이르는 말.

한방
나라 韓 모 方 _{국어}

예로부터 우리 나라에서 발달한 의술.

한복
나라 韓 옷 服 _{가정}

우리 나라의 고유한 의복.

한자어
한수 漢 글자 字 말씀 語 _{국어}

한자로 된 낱말.

한적
막을 閑 고요할 寂 _{국어}

한가하고 고요함.

할양
나눌 割 사양할 讓 _{사회}

땅·물건을 떼어 남에게 넘겨 줌.

함락
빠질 陷 떨어질 落 _{사회}

적의 성, 요새 등을 공격하여 무너뜨림.

함수
함 函 셈할 數 _{수학}

어떤 수가 상자 안에 들어가서 계산되어 그 값이 결정되는 관계.

함정
빠질 陷 함정 穽 _{국어}

짐승을 잡고자 파 놓은 구덩이.

함축 머금을 含 쌓을 蓄	국어	속에 지니어 드러나지 아니함.
함포 싸움배 艦 대포 砲	국어	군함에 장치된 여러 가지 대포의 총칭.
합금 합할 合 쇠 金	과학	두 가지 이상의 금속을 물리적으로 혼합하여 만든 금속.
합동 합할 合 한가지 同	수학	위치만 변화시켜 포개었을 때 같아지는 것.
합성 합할 合 이룰 成	국어	두 가지 이상이 합하여 한 가지 상태를 이룸.
합성어 합할 合 이룰 成 말씀 語	국어	둘 이상의 실질 형태소가 결합하여 하나의 단어가 된 말.
합세 합할 合 기세 勢	국어	세력을 한데 모음. 힘을 합침
합의 합할 合 의논할 議	사회	어떤 문제에 대해 두 사람 이상이 한자리에 모여서 의논함.
합장 합할 合 손바닥 掌	국어	두 손바닥을 마주 합함.
합중국 합할 合 무리 衆 나라 國	사회	둘 이상의 국가나 주가 독립된 법 제도를 유지하면서 하나의 주권 밑에 연합하여 대외적으로 단일한 외교권을 행사하는 국가 형태.

ㅎ

221

합창
합할 合 노래 唱

음악 여러 사람이 노래를 부르는 것.

항구
항구 港 입 口

사회 바다에 배가 드나들 수 있도록 시설해 놓은 곳.

항등식
항상 恒 가지런할 等 법 式

수학 항상 등호가 성립하는 식.

항목
조목 項 눈 目

국어 사물을 세분하여 한 개씩 벌인 일의 가닥.

항생제
막을 抗 날 生 지을 劑

국어 항생 물질로 된 약제.

항온 동물
항상 恒 따뜻할 溫 움직일 動 만물 物

과학 외계의 온도에 관계없이 체온이 거의 일정하고 늘 따뜻한 동물.

해골
뼈 骸 뼈 骨

국어 살이 썩고 남은 뼈.

해괴
놀랄 駭 기이할 怪

국어 매우 이상야릇하고 괴상함.

해괴망측
놀랄 駭 기이할 怪 그물 罔 잴 測

국어 헤아릴 수 없으리 만큼 해괴하다는 말.

해금
어찌 奚 거문고 琴

음악 민속 악기의 한 가지. 둥근 나무통에 가는 자루를 박고 두 줄의 명주실을 매어 오죽(烏竹)에 말총을 얹은 활로 비벼 켬.

| 해독
풀 解 읽을 讀 | 국어 | 어려운 문장 따위를 알기 쉽게 풀이하여 읽음. |

| 해동성국
바다 海 동녘 東 담을 盛 나라 國 | 사회 | '동쪽의 융성한 나라'라는 뜻으로, 발해가 가장 융성하였던 9세기 전반 중국에서 발해를 부르던 이름. |

| 해로
바다 海 길 路 | 국어 | 배가 다니는 바다 위의 길. |

| 해류
바다 海 흐를 流 | 사회 | 일정 방향을 거의 일정 속도로 이동하는 바닷물의 흐름. |

| 해륙풍
바다 海 뭍 陸 바람 風 | 과학 | 해안 지방이나 또는 호수 근처에서 밤낮의 기온 차이로 인하여 방향이 변하는 바람. |

| 해면
바다 海 솜 綿 | 과학 | 세포의 모양이나 배열이 불규칙하고 세포 사이의 빈공간이 많아 해면동물과 유사하여 붙여진 이름. |

| 해면류
바다 海 솜 綿 무리 類 | 과학 | 몸이 섬유와 같은 물질로 이루어진 가장 원시적인 다세포 동물. |

| 해발
바다 海 뺄 拔 | 사회 | 바다 표면으로부터의 육지나 산의 높이. |

| 해빙기
풀 解 얼음 氷 기약할 期 | 국어 | 얼음이 녹아 풀리는 때. |

| 해상도
풀 解 형상 像 법도 度 | 기술 | 텔레비전 화면이나 컴퓨터의 디스플레이 따위에 나타나는 물체의 선명도. |

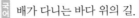

ㅎ

223

해소 풀 解 사라질 消 _{사회}	이제까지의 일이나 어떤 상태 또는 관계를 풀어서 없앰.
해수면 바다 海 물 水 얼굴 面 _{과학}	바닷물의 표면.
해우 풀 解 근심할 憂 _{국어}	근심이 풀림. 또는 근심을 품.
해운업 바다 海 돌 運 업 業 _{사회}	배로 사람이나 물건을 운송하는 산업.
해일 바다 海 넘칠 溢 _{사회}	폭풍우로 바다의 큰 물결이 갑자기 육지로 넘쳐 들어오는 일.
해탈 풀 解 벗을 脫 _{사회}	굴레에서 벗어남. 불교에서 속세의 고민과 구속을 벗어나 편안한 경지에 이르는 일.
핵심 씨 核 마음 心 _{국어}	사물의 가장 중심이 되는 부분이나 요점.
행군 다닐 行 군사 軍 _{국어}	군대·학생 등이 대열을 지어 걸어감.
행랑 다닐 行 복도 廊 _{국어}	우리 나라의 재래식 집에서 대문의 양쪽에 벌여 있어 하인들이 거처하는 방.
행렬 다닐 行 벌일 列 _{국어}	여럿이 줄을 지어 감. 또는 그 줄.

행복 다행 幸 복 福	걱정이 없고 마음이 흡족하여 즐거운 상태.
행성 다닐 行 별 星	태양의 둘레를 도는 별들.
행운유수 다닐 行 구름 雲 흐를 流 물 水	떠가는 구름과 흐르는 물이라는 뜻으로, 일의 처리에 막힘이 없거나 마음씨가 시원시원함의 비유.
행장 다닐 行 꾸밀 裝	여행할 때 쓰는 제구.
향기 향기 香 기운 氣	좋은 느낌을 주는 냄새.
향년 누릴 享 해 年	한평생을 살아 누린 나이. 곧, 죽은 이의 나이.
향료 향기 香 헤아릴 料	향내를 풍기는 물품.
향신료 향기 香 매울 辛 헤아릴 料	음식물에 맵거나 향기로운 맛을 더하는 조미료.
향연 향기 香 연기 煙	향을 피우는 연기.
허구성 빌 虛 얽을 構 성품 性	사실에서 벗어나서 만들어진 모양이나 요소를 가진 성질.

ㅎ

| 허무맹랑
빌虛 없을無 맏孟 물결浪 | 국어 | 터무니없이 허황하고 실속이 없음. |

| 허사
빌虛 일事 | 국어 | 쓸모없는 일. 쓸데없이 한 노력. |

| 허위
빌虛 거짓僞 | 국어 | 사실 아닌 것을 사실같이 꾸밈. |

| 허장성세
빌虛 베풀張 소리聲 기세勢 | 국어 | 실속은 없으면서 허세만 떠벌림. |

| 헌법재판소
법憲 법法 마를裁 판단할判 장소所 | 사회 | 법률의 위헌 여부·탄핵·정당의 해산 등에 대하여 심판하는 기관. |

| 헌정
법憲 정사政 | 사회 | 입헌 정치를 줄여 이르는 말로, 국민이 제정한 헌법에 의하여 행해지는 정치. |

| 험구
험할險 입口 | 국어 | 남의 흠을 들추어 내어 헐뜯어 말하거나 험상궂은 욕을 잘 퍼부어 대는 일. |

| 혁명가
가죽革 목숨命 집家 | 국어 | 혁명 운동에 오로지 종사하는 사람. |

| 현관
검을玄 빗장關 | 국어 | 서양식 집의 주된 출입구에 낸 문간. |

| 현명
어질賢 밝을明 | 국어 | 어질고 사리에 밝음. |

| 현모양처
 어질 賢 어미 母 좋을 良 아내 妻 | 국어 | 어진 어머니인 동시에 착한 아내. |

현모양처
어질 賢 어미 母 좋을 良 아내 妻 · 국어

어진 어머니인 동시에 착한 아내.

현무암
검을 玄 굳셀 武 바위 巖 · 과학

검고 단단한 암석.

현물세
나타날 現 만물 物 구실 稅 · 사회

농노들이 영주의 토지를 경작하는 대가로 지불하는 물건. 가축과 버터 치즈, 옷감 등.

현미경
나타낼 顯 작을 微 거울 鏡 · 과학

아주 작은 물체를 확대하여 보는 장치.

현악기
악기줄 絃 풍류 樂 그릇 器 · 음악

가야금 · 거문고 · 바이올린 등과 같이 현을 타거나 켜서 소리를 내는 악기.

현판
매달 懸 널빤지 板 · 국어

글자나 그림을 새겨 문 위의 벽에 거는 편액.

혈관
피 血 대롱 管 · 과학

혈액을 순환시키는 핏줄.

혈당량
피 血 사탕 糖 헤아릴 量 · 과학

혈액 중 포도당의 양.

혈압
피 血 누를 壓 · 과학

혈관 속을 흐르는 피의 압력.

혈혈단신
외로울 子 외로울 子 홀 單 몸 身 · 국어

의지할 곳이 없는 외로운 홀몸이라는 말.

ㅎ

혐의 싫어할 嫌 의심할 疑	국어	범죄를 저질렀으리라는 의심.
협곡 골짜기 峽 골 谷	국어	좁고 험한 골짜기.
협동 정신 맞을 協 한가지 同 자세할 精 귀신 神	국어	마음과 힘을 합하여 일해 나가는 정신.
협업 맞을 協 업 業	사회	어떠한 일을 하는 데 여러 사람이 모여 서로 도와 일을 해 나가는 방식.
협의 맞을 協 의논할 議	국어	여러 사람이 모여 함께 토의함.
협주곡 맞을 協 아뢸 奏 굽을 曲	음악	독주 악기와 관현악이 합주하는 소나타 형식의 악곡.
형광등 반딧불 螢 빛 光 등잔 燈	기술	수은과 아르곤을 조금 넣고 안쪽 벽에 형광물질을 칠한 조명 장치.
형국 모양 形 판 局	국어	어떤 일이 벌어진 그 때의 형편이나 판국.
형극 모형나무 荊 가시나무 棘	국어	나무의 온갖 가시. 고난이나 장애 따위를 비유하여 이르는 말.
형성 모양 形 이룰 成	국어	어떤 모양을 이룸.

형식	
모양 形 법 式	사물이 겉으로 나타나 보이는 모양. 겉모습.

형용사	
모양 形 얼굴 容 말씀 詞	품사의 하나. 사물의 성질이 어떠함을 설명하는 말.

형태소	
모양 形 모양 態 흴 素	뜻을 갖는 가장 작은 언어 단위.

형형색색	
모양 形 모양 形 빛 色 빛 色	양과 빛깔 따위가 서로 다른 여러 가지를 이르는 말.

호남선	
호수 湖 남녘 南 줄 線	서울과 목포를 연결하는 철도.

호박	
호박 琥 호박 珀	지질 시대의 수지가 땅 속에 파묻혀서 생긴 일종의 화석.

호부호형	
부를 呼 아비 父 부를 呼 맏 兄	아버지라고 부르고 형이라고 부름.

호수	
호수 湖 물 水	땅이 넓게 패여 물이 괸 곳으로서 못이나 늪보다 훨씬 크고 깊음.

호의적	
좋을 好 뜻 意 과녁 的	호의로 하거나 호의에서 나온 것.

호전	
좋을 好 구를 轉	무슨 일이 잘되어 가기 시작함.

ㅎ

| 혼미 | | 마음이 헛갈리고 흐리멍텅함. |
| 어두울 昏 미혹할 迷 | 국어 | |

| 혼비백산 | | 혼백이 날아 흩어진다는 뜻으로, 몹시 놀라 어찌 |
| 넋 魂 날 飛 넋 魄 흩을 散 | 국어 | 할 바를 모름. |

| 혼수상태 | | 완전히 의식을 잃고 인사불성이 된 상태. |
| 어두울 昏 잠잘 睡 형상 狀 모양 態 | 국어 | |

| 혼절 | | 정신이 아찔하여 까무러침. |
| 어두울 昏 끊을 切 | 국어 | |

| 혼천의 | | 둥근 공 모양의 물체를 이용하여 천체의 운행을 |
| 흐릴 渾 하늘 天 거동 儀 | 사회 | 관측하던 기계. |

| 혼탁 | | 맑지 아니하고 흐림. |
| 섞을 混 흐릴 濁 | 국어 | |

| 혼합물 | | 몇 가지의 것이 고루 섞여서 한 가지로 된 것. |
| 섞을 混 합할 合 만물 物 | 과학 | |

| 홍수 | | 장마가 져서 크게 불어난 물. |
| 큰물 洪 물 水 | 사회 | |

| 홍익인간 | | 널리 인간을 이롭게 한다는 고조선의 건국 이념. |
| 넓을 弘 더할 益 사람 人 사이 間 | 사회 | |

| 화교 | | 외국에 사는 중국 사람. |
| 꽃 華 우거질 僑 | 사회 | |

화근
재앙 禍 뿌리 根
<국어> 재앙의 근원.

화랑
그림 畵 복도 廊
<국어> 그림 등 미술품을 전시하는 곳.

화무십일홍
꽃 花 없을 無 열 十 날 日 붉을 紅
<국어> 열흘 동안 붉게 피는 꽃은 없다는 뜻으로, 한번 성하면 언젠가는 쇠망한다는 말.

화분
꽃 花 가루 粉
<과학> 수술의 꽃밥에서 만들어지는 생식 세포.

화사
꽃 華 사치할 奢
<국어> 화려하고 사치스러움.

화산
불 火 뫼 山
<사회> 땅 속의 용암이 밖으로 내뿜어지는 곳이나 그 내뿜어진 것이 쌓여 이루어진 산.

화산암
불 火 뫼 山 바위 巖
<과학> 지표 부근에서 만들어진 암석.

화석
될 化 돌 石
<과학> 생물의 유해 및 흔적 등이 퇴적암 따위의 암석 속에 남아 있는 것.

화선지
그림 畵 베풀 宣 종이 紙
<미술> 그림을 그리는 데 쓰는 종이.

화성암
불 火 이룰 成 바위 巖
<과학> 마그마나 용암이 식어서 굳어진 암석.

ㅎ

231

화심 꽃花 마음心	_{국어}	꽃의 중심. 곧 꽃의 한가운데 꽃술이 있는 부분.
화약 불火 약藥	_{국어}	충격·마찰·열 등에 의해 급격한 화학 변화를 일으켜, 많은 열과 가스를 발생하여 폭발하는 것.
화음 화할和 소리音	_{음악}	두 개 이상의 높이가 다른 음이 함께 어울리는 소리.
화의 화할和 의논할議	_{사회}	화해를 의논함. 또는 화해를 결정하는 회의.
화장 될化 단장할粧	_{국어}	화장품을 바르거나 문질러 얼굴을 곱게 꾸밈.
화전 불火 밭田	_{사회}	산이나 들에 불을 지른 다음 파서 일구어 농사를 짓는 밭.
화제 말할話 제목題	_{국어}	이야깃거리. 이야기 제목을 이르는 말.
화조화 꽃花 새鳥 그림畵	_{미술}	화조를 그리는 동양화의 총칭.
화창 화할和 펼暢	_{국어}	날씨나 마음씨가 부드럽고 따뜻하며 맑음.
화친 화할和 친할親	_{국어}	나라와 나라 사이의 친밀한 교류.

| 화폐석 | 과학 | 바다에서 살았던 화폐처럼 생긴 화석. |
| 재화貨 비단幣 돌石 | | |

| 화풍 | 미술 | 그림을 그리는 데에 나타나는 어떤 경향. |
| 그림畵 바람風 | | |

| 확산 | 국어 | 흩어져 번짐. |
| 넓힐擴 흩을散 | | |

| 확산 | 과학 | 물질의 농도가 장소에 따라 다를 때, 저절로 물질의 이동이 생겨 고른 농도로 되는 현상. |
| 넓힐擴 흩을散 | | |

| 확신 | 국어 | 확실히 믿음. 굳게 믿어 의심치 않음. |
| 굳을確 믿을信 | | |

| 환각 | 국어 | 아무것도 없는데 있는 것처럼 느끼는 감각. |
| 변할幻 깨달을覺 | | |

| 환경 | 국어 | 자기를 둘러싸고 있는 모든 것. |
| 고리環 지경境 | | |

| 환경 오염 | 가정 | 자원 개발로 인한 자연의 파괴와 각종 교통 기관이나 공장에서 배출하는 폐수와 가스 그리고 농약 따위로 사람과 동식물이 살아가는 환경을 더럽히는 일. |
| 고리環 지경境 더러울汚 물들일染 | | |

| 환기 | 기술 | 공기를 바꿔 넣음. |
| 바꿀換 기운氣 | | |

| 환담 | 국어 | 정답고 즐겁게 서로 주고받는 얘기. |
| 기쁠歡 말씀談 | | |

ㅎ

233

환도
돌아올 還 도읍 都

국난으로 옮겼던 정부가 평정 후 다시 본래의 서울로 돌아옴.

환성
기쁠 歡 소리 聲

국어

기뻐 고함치는 소리. 즐거움에 겨워 부르짖는 소리.

환원
돌아올 還 으뜸 元

국어

본디의 상태로 되돌아감. 또는 그렇게 되게 함.

환태평양 조산대
고리 環 클 太 평평할 平 바다 洋 지을 造 뫼 山 띠 帶

사회

태평양을 둘러싼 조산대로 지각이 불안정하여 화산이 많고 지진이 자주 발생함.

환형 동물
고리 環 모양 形 움직일 動 만물 物

과학

여러 개의 고리로 이루어진 긴 원통형의 몸체를 가진 동물.

환호성
기쁠 歡 부를 呼 소리 聲

국어

기뻐서 부르짖는 소리.

활력
살 活 힘 力

국어

살아 움직이는 힘.

황마
누를 黃 삼 麻

사회

쌀, 모래 등을 담는 자루나 끈을 만드는 데 사용하는 식물.

황사
누를 黃 모래 砂

사회

노란 빛깔의 모래.

황폐
거칠 荒 폐할 廢

국어

그냥 버려 두어 거칠고 못 쓰게 됨.

황해 누를 黃 바다 海	과학	우리 나라 서쪽 바다를 일컫는 말.
황혼 누를 黃 어두울 昏	국어	해가 지고 어둑어둑할 때.
회귀선 돌 回 돌아갈 歸 줄 線	사회	태양이 지표를 직각으로 비추는 때가 있는 지역의 남·북 위도상 경계.
회로 돌 回 길 路	기술	도체의 한 점에서 시작하여 다시 출발점에 돌아오는 전류의 통로.
회복 돌 回 돌아올 復	국어	이전 상태와 같이 돌이키는 것.
회분 분석 재 灰 나눌 分 나눌 分 가를 析	과학	식물체를 태워 재로 남는 성분과 연기 성분을 나누어 분석하는 실험.
회오 뉘우칠 悔 깨달을 悟	국어	잘못을 뉘우치고 깨달음.
회유 가르칠 誨 깨우칠 諭	사회	가르쳐서 깨우침.
회의 품을 懷 의심할 疑	국어	의심을 품음. 또는 그 의심.
회자정리 모일 會 사람 者 정할 定 떠날 離	국어	만나는 사람은 반드시 헤어질 운명에 있다는 뜻으로, 인생의 무상함을 이르는 말.

ㅎ

| 회전체 | 돌 回 구를 轉 몸 體 | ^{수학} | 회전하여 생기는 입체도형. |

회전체
돌 回 구를 轉 몸 體
〔수학〕 회전하여 생기는 입체도형.

회절
돌 回 꺾을 折
〔과학〕 음파 · 전파 · 빛 따위의 파동이 좁은 틈 같은 데를 지날 때 똑바로 지나지 않고, 뒤쪽의 그늘진 부분에 까지도 약간 전파되는 현상.

회포
품을 懷 안을 抱
〔국어〕 마음속에 품은 생각이나 정.

회한
뉘우칠 悔 한할 恨
〔국어〕 뉘우치고 한탄함.

횡격막
가로 橫 흉격 膈 막 膜
〔과학〕 흉강 밑 부분에 가로로 아치 모양으로 생겨 있으며 몸을 가슴과 배로 나누는 얇은 근육 막.

횡설수설
가로 橫 말씀 說 설 竪 말씀 說
〔국어〕 조리가 없이 말을 되는 대로 지껄임.

횡포
가로 橫 사나울 暴
〔국어〕 제멋대로 굴며 매우 난폭함.

효과
본받을 效 실과 果
〔국어〕 한 일로 말미암아 나타난 보람.

효소
술밑 酵 흴 素
〔과학〕 생체 안에서 이루어지는 화학 반응의 촉매로 작용하는 고분자 물질.

후각
맡을 嗅 깨달을 覺
〔국어〕 냄새를 맡는 감각.

| 후각적 | 국어 |
| 맡을 嗅 깨달을 覺 과녁 的 | |

코를 통해 냄새를 맡는 듯한 느낌.

| 후삼국 | 사회 |
| 뒤 後 석 三 나라 國 | |

통일 신라 말기의 국토의 분열로 생긴 삼국.

| 후원 | 국어 |
| 뒤 後 동산 園 | |

집 뒤에 있는 정원(庭園)이나 작은 동산.

| 후원금 | 국어 |
| 뒤 後 도울 援 쇠 金 | |

어떤 개인이나 단체를 도와주기 위해 모은 돈.

| 후퇴 | 국어 |
| 뒤 後 물러날 退 | |

뒤로 물러남.

| 후행 | 국어 |
| 뒤 後 다닐 行 | |

혼인 때에 가족이나 일가 중에서 신부나 신랑을 데리고 감. 또는 그 사람.

| 후환 | 국어 |
| 뒤 後 근심 患 | |

뒷날의 걱정과 근심.

| 후회 | 국어 |
| 뒤 後 뉘우칠 悔 | |

잘못을 깨닫고 뉘우침.

| 훈계 | 국어 |
| 가르칠 訓 경계할 戒 | |

잘 타일러 경계함.

| 훈민정음 | 국어 |
| 가르칠 訓 백성 民 바를 正 소리 音 | |

세종 대왕이 집현전 학자들의 도움을 얻어 처음 만든 우리 나라 글자.

ㅎ

| 훈습
향기 薰 익힐 習 국어 | 불법을 들어서 마음을 닦아 나감. |

| 훈육
가르칠 訓 기를 育 국어 | 가르쳐 기름. |

| 훈제
연기 燻 지을 製 가정 | 소금에 절인 고기 등을 연기에 그을려 말림. |

| 휘발성
휘두를 揮 쏠 發 성품 性 국어 | 보통 온도에서 액체가 기체가 되어 흩어지는 성질. |

| 휴대
끌 携 띠 帶 국어 | 손에 들거나 몸에 지님. |

| 흉강
가슴 胸 빈속 腔 과학 | 횡격막과 늑골로 둘러싸인 가슴통. |

| 흉계
흉할 凶 셈할 計 국어 | 음흉한 꾀. 악독한 계략. |

| 흉년
흉할 凶 해 年 국어 | 농작물이 잘 되지 않은 해. |

| 흑인 영가
검을 黑 사람 人 신령 靈 노래 歌 음악 | 미국의 흑인이 부르는 종교적인 민요로서 '구약성서'의 이야기를 제재로 한 것. |

| 흑사병
검을 黑 죽을 死 병 病 사회 | 페스트 균에 의한 급성 전염병. 고열·두통·구토 등의 증세가 있고 피부가 검붉게 변함. |

238